年度课题专著5-5

保险资金服务实体经济：
国际经验与路径选择

中国保险资产管理业协会　编著

中国财经出版传媒集团
中国财政经济出版社

图书在版编目（CIP）数据

保险资金服务实体经济：国际经验与路径选择／中国保险资产管理业协会编著. —北京：中国财政经济出版社，2018.10
ISBN 978-7-5095-8492-7

Ⅰ.①保…　Ⅱ.①中…　Ⅲ.①保险资金－资金管理－研究－中国　Ⅳ.①F842.4

中国版本图书馆 CIP 数据核字（2018）第 205296 号

责任编辑：张　莹　贾延平　　　　责任校对：胡永立
封面设计：李运平

中国财政经济出版社 出版

URL：http://www.cfeph.cn
E-mail：cfeph@cfeph.cn

（版权所有　翻印必究）

社址：北京市海淀区阜成路甲 28 号　邮政编码：100142
营销中心电话：010-88191537　北京财经书店电话：64033436　84041336
中煤（北京）印务有限公司印刷　各地新华书店经销
787×1092 毫米　16 开　11.25 印张　180 000 字
2018 年 10 月第 1 版　2018 年 10 月北京第 1 次印刷
定价：88.00 元
ISBN 978-7-5095-8492-7
（图书出现印装问题，本社负责调换）
本社质量投诉电话：010-88190744
打击盗版举报热线：010-88191661　QQ：2242791300

编委会

主　　　任：曹德云

副　主　任：刘传葵

编委会委员：（按姓氏拼音排序）

龚新宇　梁风波　凌秀丽　麦　勇　孙正成

闫　衍　赵　越

作　　　者：（按姓氏拼音排序）

董　利　段鸿济　高　健　高　远　黄旭峰

姜春曦　蒋　雪　李关政　李路易　李小婧

李振宇　刘元胜　吕彦莹　马俊炯　倪思远

祁　兵　王秋凤　王　雯　王　箫　吴忠伟

武俏斐　项晓波　熊　园　尹　力　袁海霞

赵阳芝

统　　　稿：（按姓氏拼音排序）

陈洛霏　刘元胜　周韬文

序一

党的十九大以来，我国金融形势总体向好，宏观杠杆率趋于稳定，市场预期明显变化，金融机构合规意识增强，对外开放持续扩大，金融风险由发散状态向收敛状态转变。

保险业作为现代金融体系重要组成部分，专于市场化的风险管理、社会保障、灾害救助，保险资产管理业精于长期、多元、稳健投资管理，在助力经济社会发展、维护金融稳健运行等方面发挥了积极作用。当前，保险业保持平稳增长，业务结构持续优化，保险保障功能持续提升；保险资产管理业实现了资产配置更加多元，投资收益稳步增长，投资运作更加稳健审慎，风险管理能力显著增强，服务实体经济力度持续增加。

与此同时，我国经济正由高速增长阶段转向高质量发展阶段，经济尚处于新旧动能转换时期，长期积累的金融风险进入易发多发期，外部不确定因素有所增多，需要积极稳妥和更加精准地加以应对。保险资产管理业如何更好地应对挑战，继续做好防范化解金融风险各项工作，增强实体经济服务质效，深化保险业改革开放，需要全行业以更加务实严谨的态度，踏实做好保险资产管理领域的理论研究和实务钻研，与时俱进地跟踪、探索前沿研究成果，用战略眼光助力行业持续稳健发展。

中国保险资产管理业协会始终致力于发挥监管与市场之间的桥梁纽带和平台作用，推动行业研究力量壮大、研究工作发展。"IAMAC 年度课题系列成果专著"是在协会"2017IAMAC 年度课题"成果的基础上，精选业界广泛参与、监管重点关注的五大主题，基于现有课题成果，梳理整合，凝结形成的五本专著，分别是：《保险资金大类资产配置：风险平价模型应用研究》《责任投资与普惠金融：保险业参与模式研究》《保险资金参与 PPP 项目：风险管理与退出机制》《养老金管理与养老产业投资：保险参与模式研究》《保险资金服务实体经济：国际经验与路径选择》。

"IAMAC 年度课题系列成果专著"的公开出版发行,既充分展现了保险资产管理业对重大经济金融问题、业务发展创新的思考与探讨,也是行业智慧和研究成果的又一集中体现。期待本套专著能为当前形势下我国保险资产管理的转型发展提供理论参考和现实借鉴。希望保险行业能够继续深入研究,形成更为丰富的研究成果,为我国保险资产管理行业发展贡献力量。

中国保险资产管理业协会
执行副会长兼秘书长

2018 年 8 月

序二

优化保险资金运用,提升服务实体经济质效,是新时代保险业高质量发展的要求。实体经济是强国之本,既是国家核心竞争力之所在,也是保险业健康发展之保障。党中央国务院高度重视金融业高质量发展,在2017年全国金融工作会议上,习近平总书记强调金融是国家重要的核心竞争力,金融安全是国家安全的重要组成部分,还指出新时代金融要回归本源,把为实体经济服务作为出发点和落脚点,全面提升服务效率和水平,把更多金融资源配置到经济社会发展的重点领域和薄弱环节,更好地满足人民群众和实体经济多样化的金融需求。

中国银保监会高度重视贯彻落实习近平总书记关于金融工作的重要讲话精神,出台指导意见进一步拓宽保险资金支持服务实体经济渠道,促进保险业持续向振兴实体经济发力、聚力,提升服务实体经济的质量和效率。截至2018年6月末,保险业总资产为17.64万亿元,较年初增长5.35%;保险资金运用余额为15.69万亿元,较年初增长5.14%。近年来,随着保险资金实力的不断增强,保险业更加紧贴国家战略、民生建设和行业需要,发挥长资金、大资金、稳资金的优势,广泛参与和支持实体经济发展,得到了社会的积极评价。

保险资金服务实体经济主要通过三种途径:一是通过银行存款转化为银行贷款对实体经济间接融资。截至2018年6月,保险机构在银行存款超过2.14万亿元,其中多为长期协议存款和定期存款,成为商业银行中长期贷款的重要资金来源。二是通过购买债券、股票等金融工具对实体经济直接融资。截至2018年6月,保险资金投资债券、股票和证券投资基金合计超过7.42万亿元。三是通过股权、债权、基金等方式对实体经济项目进行融资,保险资金在支持国家战略实施上更是做出了积极贡献。截至2017年12月底,保险资金支持"一带一路"项目的投资规模达8 568.26亿元;支持长江经济带和京津冀协同发展战略的投资规模分别达3 652.48亿元和1 567.99亿元;支持清洁能源、资源节约与污染防治等绿色产业的投资规模达6 676.35亿元。

保险资金服务实体经济：国际经验与路径选择

为进一步加深对保险资金服务实体经济的理解，由中国保险资产管理业协会牵头组织开展了本项研究，主要包括以下七个部分。

第1章为导论。本章从实体经济发展的战略性、保险业发展的自身特质和保险业在现代化经济体系中发挥的作用三个方面，论述了新时代保险业服务实体经济的必要性，同时，研究认为保险资金服务实体经济对我国经济转型、优化保险业结构和完善社会保障机制具有重要的现实意义。

第2章为保险资金服务实体经济的理论基础与实证检验。本章理论基础主要从保险与经济增长的关联性、保险资金与实体经济投资的耦合性两个方面展开；实证检验主要是从文献梳理和功能层面展开。

第3章为保险资金服务实体经济的现实考察。本章以剖析实体经济与虚拟经济的关系为基础，研判我国实体经济发展的特征及面临的困境，通过梳理保险资金服务实体经济的进程，找出存在的问题和风险。

第4章为我国金融业资金空转现象分析及对保险资金的警示。本章概括了金融领域资金空转的总体情况，剖析了存在的风险传染机制，充分借鉴发达国家治理资金空转的成功经验，提出风险防范的建议。

第5章为保险资金服务实体经济的实践与案例。本章对我国保险资金服务实体经济的政策实践进行了梳理，剖析了保险资金服务实体经济的基本途径，并介绍了典型案例。

第6章为保险资金服务实体经济的国际经验。本章全面介绍了美国、英国、德国、日本、韩国及拉美国家和中国香港地区的实践与经验。

第7章为保险资金服务实体经济的路径选择。本章首先明确了保险资金服务实体经济的总体原则和具体原则，然后指出了保险资金服务实体经济的优化路径，最后提出了富有针对性的政策建议。

中国保险资产管理业协会
2018年8月20日

目录

第1章 导论 … 1

1.1 保险资金服务实体经济的必要性 … 3
- 1.1.1 实体经济发展是我国抓住重要战略机遇期的关键环节 … 3
- 1.1.2 保险业要在服务实体经济发展中体现自身的特质 … 4
- 1.1.3 保险业要在建设现代化经济体系过程中发挥更大作用 … 4

1.2 保险资金服务实体经济的现实意义 … 6
- 1.2.1 有利于促进我国经济转型 … 6
- 1.2.2 有利于优化保险业务结构 … 6
- 1.2.3 有利于完善社会保障机制 … 7

第2章 保险资金服务实体经济的理论基础与实证检验 … 9

2.1 保险资金服务实体经济的理论基础 … 11
- 2.1.1 保险增长与经济周期的关系 … 11
- 2.1.2 保险资金特点与实体经济投资的耦合 … 12

2.2 保险资金服务实体经济的实证检验 … 13
- 2.2.1 保险资金服务实体经济的文献考察 … 13
- 2.2.2 保险资金服务实体经济的功能演进及发展 … 14
- 2.2.3 保险服务业经济功能理论的实证检验 … 15

第3章 保险资金服务实体经济的现实考察 … 21

3.1 实体经济与虚拟经济的辩证关系 … 23

3.1.1 对"实体经济"与"虚拟经济"概念的界定 …………… 23
3.1.2 虚拟经济的特点 ……………………………………… 24
3.1.3 对"实体经济"与"虚拟经济"关系的认识 …………… 25
3.2 我国实体经济发展的阶段特征及困境 ……………………… 27
3.2.1 我国实体经济发展的阶段特征 ……………………… 27
3.2.2 当前我国实体经济发展困境 ………………………… 30
3.3 我国保险资金投资现状 ……………………………………… 34
3.3.1 我国保险业发展现状 ………………………………… 34
3.3.2 保险公司资金投资管理问题分析 …………………… 37
3.4 保险资金服务实体经济的进程演进 ………………………… 39
3.4.1 保险资金服务实体经济的发展进程及不同阶段政策分析 …… 39
3.4.2 我国保险资金服务实体经济的现状 ………………… 46
3.4.3 我国保险资金服务实体经济的特征 ………………… 48
3.5 保险资金服务实体经济的风险与问题 ……………………… 53
3.5.1 宏观经济底部运行,信用风险加剧 …………………… 53
3.5.2 实体经济收益率较低,部分保险资金仅在金融体系内流转 …………………………………………………… 54
3.5.3 实体"资产荒"制约了险资投资积极性 ……………… 55
3.5.4 制度不健全加大了保险资金服务实体经济的风险 …… 56
3.5.5 保险公司投资能力、风险控制能力不足 ……………… 56

第4章 我国金融业资金空转现象分析及对保险资金的警示 …… 59

4.1 我国金融业资金空转的总体情况 …………………………… 61
4.1.1 经济金融化与资金空转 ……………………………… 61
4.1.2 货币与资金空转 ……………………………………… 62
4.1.3 税率与资金空转 ……………………………………… 62

4.1.4　实体经济经营困难加剧了资金空转 …………………………………… 63
　　4.1.5　资金空转得到初步遏制 ……………………………………………… 63
4.2　我国资金存在空转现象的客观实际 ……………………………………………… 64
　　4.2.1　我国资金空转表现的宏观体现 ………………………………………… 64
　　4.2.2　从资金空转看资金流向的微观路径 …………………………………… 65
　　4.2.3　资金在金融体系内部空转，实体经济融资链条加长 ………………… 69
4.3　当前保险资金运用中的突出问题 ………………………………………………… 72
　　4.3.1　股票市场 ………………………………………………………………… 72
　　4.3.2　杠杆 ……………………………………………………………………… 73
　　4.3.3　期限错配 ………………………………………………………………… 73
4.4　资金空转风险外部传染机制分析及保险资金风险防范 ………………………… 74
　　4.4.1　质押式回购市场分析 …………………………………………………… 75
　　4.4.2　参与者结构 ……………………………………………………………… 77
　　4.4.3　质押式回购市场中的杠杆 ……………………………………………… 79
　　4.4.4　传染研究 ………………………………………………………………… 80
4.5　遏制资金空转，支持实体经济的国外治理实践 ………………………………… 86
　　4.5.1　美国遏制资金空转，支持实体经济的具体措施 ……………………… 86
　　4.5.2　欧洲遏制资金空转，支持实体经济的具体措施 ……………………… 92
　　4.5.3　日本遏制资金空转，支持实体经济的具体措施 ……………………… 95
4.6　保险资金防范资金空转风险及治理建议 ………………………………………… 102
　　4.6.1　对保险资金运用机构的建议 …………………………………………… 102
　　4.6.2　对保险资金监管机构的建议 …………………………………………… 104
　　4.6.3　对相关自律组织的建议 ………………………………………………… 105
　　4.6.4　对实体经济的建议 ……………………………………………………… 105

第5章　保险资金服务实体经济的实践与案例 ……………………………………… 107

5.1　保险资金服务实体经济的政策实践 ……………………………………………… 109

5.2 保险资金服务实体经济的基本途径 ……………………………… 110
5.2.1 单体项目投资 ……………………………………………… 111
5.2.2 直接投资 …………………………………………………… 112
5.3 保险资金服务实体经济的典型案例 ……………………………… 112
5.3.1 保险资金通过债权投资计划服务实体经济的案例 ………… 113
5.3.2 保险资金通过股权投资计划服务实体经济的案例 ………… 115
5.3.3 保险资金通过直接投资的形式服务实体经济的案例 ……… 119
5.3.4 保险资金通过精准扶贫服务实体经济的案例 ……………… 120

第6章 保险资金服务实体经济的国际经验 ……………………………… 123
6.1 美国保险资金服务实体经济的经验借鉴 ………………………… 125
6.1.1 美国保险资金投资运用概述 ………………………………… 125
6.1.2 美国保险资金运用的特点 …………………………………… 128
6.1.3 美国保险资金服务实体经济的风险防范经验 ……………… 129
6.2 英国保险资金服务实体经济的经验借鉴 ………………………… 131
6.2.1 英国保险资金投资特点及其对实体经济的服务方式 ……… 131
6.2.2 英国保险资金的风险防范机制以及监管制度 ……………… 133
6.3 德国保险资金服务实体经济的经验借鉴 ………………………… 134
6.3.1 德国保险资金投资运用概述 ………………………………… 134
6.3.2 德国保险资金运用的特点 …………………………………… 135
6.4 日本保险资金服务实体经济的经验借鉴 ………………………… 136
6.4.1 日本保险资金运用的概述 …………………………………… 136
6.4.2 日本保险资金运用的特点 …………………………………… 137
6.4.3 日本保险资金服务实体经济的风险防范经验 ……………… 138
6.5 韩国保险资金服务实体经济的经验借鉴 ………………………… 140
6.5.1 韩国"国民养老金计划"的资金运用概述 ………………… 140

  6.5.2 韩国"国民养老金计划"的资金运用的特点 ………… 141

6.6 拉美经济体保险资金服务实体经济的经验借鉴 ……………… 142

  6.6.1 拉美国家养老基金概述及其对基础设施的影响 ……… 142

  6.6.2 拉美国家养老基金投资基础设施的方式概述 ………… 143

  6.6.3 拉美国家创新性的养老基金投资工具 ………………… 143

  6.6.4 拉美国家养老基金投资基础设施的领域 ……………… 144

6.7 中国香港保险资金服务实体经济的经验借鉴 ………………… 145

  6.7.1 中国香港强制性公积金的资金运用概述 ……………… 145

  6.7.2 中国香港强制性公积金资金运用的特点 ……………… 146

第7章 保险资金服务实体经济的路径选择 …………………… 147

7.1 保险资金服务实体经济的原则 ………………………………… 149

  7.1.1 坚持服务主业原则 ……………………………………… 149

  7.1.2 坚持服务国家战略和实体经济原则 …………………… 149

  7.1.3 坚持资产负债匹配原则 ………………………………… 150

  7.1.4 坚持风险分散原则 ……………………………………… 150

7.2 保险资金服务实体经济的优化路径 …………………………… 151

  7.2.1 进一步推动保险资金从银行存款向其他多元化投资渠道
     分流 …………………………………………………… 151

  7.2.2 用好债权投资计划、股权投资计划、ABS等各类投资
     工具 …………………………………………………… 151

  7.2.3 继续鼓励保险资金以直接股权投资方式支持经济转型
     发展 …………………………………………………… 152

7.3 保险资金服务实体经济的具体对策 …………………………… 153

  7.3.1 深化保险资金服务实体经济的机制改革 ……………… 153

  7.3.2 创新保险资金服务实体经济的产品体系 ……………… 154

7.3.3 拓宽保险资金服务实体经济的领域路径 …………………… 154
7.3.4 疏堵结合,引导保险资金真正流向实体经济 ……………… 155
7.3.5 进一步加强监管协调,对冲监管踩踏风险 ………………… 155
7.3.6 推动完善公司治理,控制法人治理风险 …………………… 156
7.3.7 强化偿付能力监管,防范流动性风险 ……………………… 156
7.3.8 适当支持保险资金参与金融衍生品交易,对冲信用风险 …… 157

参考文献 ……………………………………………………………………… 158
后　　记 ……………………………………………………………………… 166

第 1 章

导　论

1.1 保险资金服务实体经济的必要性

1.1.1 实体经济发展是我国抓住重要战略机遇期的关键环节

党的十九大报告明确指出,"当前,国内外形势正在发生深刻复杂变化,我国发展仍处于重要战略机遇期,前景十分光明,挑战也十分严峻。"这是在党中央结合历史和现实、理论和实践、国内和国际等方面进行科学分析的基础上,从党和国家事业发展大局出发,形成的科学而深刻的判断。2008年美国次贷危机后,我国所处战略机遇期的内涵已经发生重大变化。从世界政治经济格局来看,世界实力对比在危机期间将急剧变动,国际经济秩序将发生重大变化,全球发展的重心将从美国向亚太地区转移,为我国带来了发展成为全球新强国的百年一遇的重大机遇。从经济意义来说,在2008年美国次贷危机前,我国的战略机遇主要表现为海外商品市场扩张和国际资本流入,我国抓住机遇一举成为全球制造中心。次贷危机发生后,世界进入总需求萎缩和资本、技术与劳动力在全球宏观配置失衡的漫长调整过程,"我国的战略机遇则主要表现为国内市场对全球经济复苏的巨大拉动作用和在发达国家呈现出的技术并购机会和基础设施投资机会。"也就是说,在这一大变革大机遇来临之际:一方面,我国要加快建设消费大国。通过加快调整储蓄和消费的关系,提高消费对经济增长的贡献率,增强消费对经济发展的基础性作用,推动我国从外生性的供给大国逐步向内生性的需求大国转变,为自身也为全球提供巨大市场。另一方面,我国要加快建设制造强国。通过深化供给侧结构性改革,加快技术进步和提高投资效率,推动实体经济转型升级,促进产业迈向全球价值链中高端,培育若干世界级先进制造业集群。两方面紧密联系、密切相关,成为制造强国并占据价值链中高端是成为需求大国的前提和基础;成为需求大国有助于降低外贸依存度,减缓国际经济波动对我国造成的影响,促进我国经济增长更多地转向内需驱地。

1.1.2 保险业要在服务实体经济发展中体现自身的特质

保险业作为市场经济的重要组成部分，是经济提质增效升级、保障和改善民生、加强和创新社会管理的重要金融工具。"牢牢把握我国发展的阶段性特征，牢牢把握人民群众对美好生活的向往"，不仅是推进党和国家事业发展的重要前提，也是我国保险行业找准行业定位、推动自身事业发展的重要前提。

现阶段我国经济社会发展站到了新的历史起点上。保险业要紧扣我国当前社会主要矛盾的变化，明确未来时期保险发展的着力点是解决发展不平衡、不充分的问题，更好地满足人民日益增长的美好生活的需要，更好地服务国家战略实施。始终坚持保险业服务保障的初心使命，积极服务经济社会发展大局，坚持服务实体经济，回归保险本源，不断推进保险自身的质量变革、效率变革和动力变革，不断推进自身供给侧结构性改革，提升服务效能，为我国抓住重要战略机遇期加快发展，为打赢三大攻坚战、全面建成小康社会、实现中华民族伟大复兴做出贡献。

1.1.3 保险业要在建设现代化经济体系过程中发挥更大作用

党的十九大报告深刻指出，我国经济已由高速增长阶段转向高质量发展阶段，正处在转变发展方式、优化经济结构、转换增长动力的攻关期，并明确指出建设现代化经济体系是跨越关口的迫切要求和我国发展的战略目标。保险本身就是现代化经济体系的重要组成部分，同时因其具有经济补偿、风险管理和资金配置等独特功能作用，保险能够也应当成为建设现代化经济体系的重要推动力。

一方面，保险要成为国家经济发展实现质量变革、效率变革、动力变革中的重要推动力。比如，通过产品质量保证保险改变消费者信息劣势，形成对生产企业重视产品质量、重视品牌价值的正向激励，从而改变柠檬市场的逆向选择路径，提高我国企业的产品质量。再比如，通过建立以科技型企业贷款保证保险、高新技术企业研发责任保险、关键研发设备保险、高新技术企业财产保险等大类险种为支撑的科技保险保障体系，为科技创新提供风险保障，为经济增长的动力变革提供支撑。

另一方面，保险要成为加快建设实体经济、科技创新、现代金融、人力资源协同发展产业体系的重要推动力。保险具有经济补偿、风险管理和资金配置等独特功能作用，使其成为促进实体经济提质增效升级的高效引擎、服务科技创新的有效机制、完善金融体系的支柱力量、提升人力资本投资和积累的有力支撑，并能够促进四大领域形成协调发展的产业体系。

从实体经济来看，保险业不仅可以从风险保障的角度进行服务，同时，保险资金的资本性、长期性、稳定性特征，也使得保险资金更适合为实体经济发展提供资本性投资，提高直接投资比重，增加企业股本和资本金，在一定程度上降低我国实体经济的高杠杆。国际经验表明，保险资金通常是促进实体经济发展资金需求的重要提供方。

从科技创新来看，不仅保险机制对于科技创新具有推动作用，科技创新本身也有助于推动保险业建立新的商业模式、转变服务方式，提升服务效能，特别是大数据、云计算、区块链、人工智能等新一代信息技术在保险领域的应用，有助于推动传统保险业向现代保险服务业升级转变。

从现代金融业来看，保险在金融行业中占比的提升是金融业现代化发展水平的重要体现。例如，美国等金融发达国家，全社会家庭持有的人寿保险和养老资产的比重占其所持金融资产的30%以上，并且显著高于公司股票和储蓄资产的持有比重。

从人力资本来看，保险的作用更加独特、突出和可持续。人力资本投资和积累水平的提高是实体经济发展模式从资源要素驱动向创新驱动转型的一个基础条件。通过提高养老、医疗、健康保险保障和提高劳动风险保障水平有助于促进人力资本投资水平，有助于推动人口红利从数量红利向质量红利转变。国内外保险理论和实证研究表明，养老、医疗、健康等人身保险保障对家庭人力资本投资具有正向促进和鼓励作用，较好的保险保障制度能降低父母一代的家庭养老储蓄，降低对子女的人力资本投资风险，有利于鼓励父母一代增加对子女的人力资本投资，而且父母一代给予的人力资本投资越多，子女一代的收入越高，缴纳的社会保障税越多，父母的养老金水平就越高。也就是说，通过保险保障机制在代际间形成一种"社会契约"，促进人力资本提升和实体经济的创新发展。

1.2 保险资金服务实体经济的现实意义

1.2.1 有利于促进我国经济转型

在支持实体经济过程中可以发现，保险资金运用主要以长期投资为主，适合以基础设施建设为代表的非标投资和长期股权投资，可以在重大基础设施和城市基础设施、城市化改造方面发挥长期投资的优势，也能在重大民生工程、国家重点工程方面提供大量的资金支持，从而促进实体经济提质增效。同时，大量的中长期资金，与其他金融部门短期性、流动性资金形成互补，成为虚拟经济与实体经济的重要稳定力量。

在现实运营中，保险业创新资金运用方式、支持实体经济发展可以放宽股权和不动产的投资范围，拓宽保险资金的投资领域，为小微企业的发展创新提供了资金支持。另外，通过将资本以股权形式注入，能够帮助在互联网、电子商务、健康产业、媒体等行业中真正具有投资价值和成长潜力的创业公司更好的发展。

1.2.2 有利于优化保险业务结构

经历了多年发展，我国保险业综合实力和国际影响力大幅提升，但我国保险业面临的问题也日益突出，集中表现为保险业务结构单一、产品同质化，投资收益率难以覆盖日益增长的资金成本。加大保险资金服务实体经济的力度，可以实质性提高保险资金的投资回报率，合理分享改革红利。

例如，当前我国正处于全面决胜小康社会的关键阶段，一大批重大惠民工程亟待建设，尤其以中西部地区为甚。因此，保险资金应充分发挥长期、稳定、规模较大等优势，更好对接国家重大战略和民生工程建设项目的融资需求，在较好契合保险资金的配置需求和企业盈利的基础上，积极为国家建设和社会发展贡献力量。

1.2.3 有利于完善社会保障机制

从保险的本源来说,其最重要的功能就是对个体或公司提供一种长期的保障机制,即在投保人遭遇极端风险时能提供一定的财务支持。而从社会全局来看,保险产品可以通过风险聚集的方式分散个体所面临的风险,将不确定的损失转化为确定的保费支出,缓解因意外事故给个人、家庭或企业带来的财务困境,对于稳定人们的心理预期有着不可替代的作用。

从发展上看,保险业参与扶贫开发具有帮助贫困群众抵御灾祸、农产品价格波动等多重风险、提升责任担当并推动政府职能转变、开拓农村金融"蓝海"市场等多重意义;从耦合性上看,保险的本质是风险转移、扶危救困,这与扶贫开发具有很强的内在联系,而其天然的损失补偿、资金融通、个体保障功能也能够使其成为很好的精准扶贫稳定器,并为贫困人口提供全方位滴灌式的兜底保障。

第 2 章
保险资金服务实体经济的理论基础与实证检验

2.1 保险资金服务实体经济的理论基础

2.1.1 保险增长与经济周期的关系

(1) 保险资产增加与经济增长的相一致特征

保险投资与经济增长的顺周期特征主要来源于两个方面。一方面，在经济繁荣时期，消费者的可支配收入增加，人身安全与财产的保险意识增强，因此对保险的需求会增加，使得保险企业的保费收入上升，保险资金规模不断扩大；同时，市场对经济增长的预期比较乐观，资本市场也出现繁荣，使得资产的收益率上升，保险资金的收益也增加，反过来又会增加保险资金的规模，从而为实体经济的发展提供更多的资金支持。另一方面，在经济萧条时期，居民的可支配收入减少，可用于保险需求的支出相应减少，保费收入降低；同时，资本市场的不景气，使得保险资金投资的收益降低，资产价格进一步下降，对实体经济的支持力度也降低。

(2) 保险负债与经济增长的顺周期特征

保险负债与经济增长的顺周期特征主要取决于保单的赔付与保险资金投资收益的比较。在经济繁荣时期，由于保险资金的投资收益一般会比较大，能够完全覆盖保单的赔付，此时保险企业会更加乐于增加保单的供给，保费收入更加扩张，从而对实体经济的推动作用更大。而在经济萧条时期，保险资金投资收益降低，保单的赔付主要依赖于保费收入，保险企业为了降低风险、增强赔付的能力，会缩小保险的供给，从而对实体经济产生抑制的作用。

(3) 保险企业资产与负债的正反馈特征

一般来说，保险企业资产与负债的正反馈特征是由一般性与特殊性共同决定的。一般性是由于公允价值计价方式是在计价日发生的交易，这就使得支付价格会随经济的繁荣与萧条呈现不同的状态。这种一般性是对所有企业而言的，保险企业也不例外。特殊性是由保险企业资产、负债的特殊性决定的。当保险企业在资本市场中获得较高的投资收益时，这部分收益会成为企业的资产，那么保险企业的赔付能力会增强，赔付能力的增强使得保险企业会投资更多的风险资产，从而获得更高的收益，形成一种正反馈。反之，当保险企业为平衡资产负债表出售资产时，资产价格的下降使得资产的收益率降低，导致保险企业的资产进一步缩小，保险企业的赔付能力会降低，赔付能力的降低又使得保险企业减少保单的供给，负债也会降低，从而形成资产与负债的正反馈特征。

(4) 其他影响保险增长与经济周期关系的效应

保险企业的治理结构也会影响保险增长与经济周期的关系。由于股东与管理层之间存在逆向选择与道德风险的问题，股东追求企业价值最大化，管理层追求自身利益最大化，这种目标的不一致使得管理层在经济繁荣时期会进行更多的保险投资，以获得更高的投资收益，实现自身薪酬的增加。反之，在经济萧条时期，管理层为了保证短期收益会出售资产，增加赔付能力，从而对实体经济减少支持作用。

2.1.2 保险资金特点与实体经济投资的耦合

(1) 长期性耦合

由于保险合同尤其是寿险保单的合同期限通常在 15 年以上，甚至更长时间，使保险资金具有长期性的特点。正是基于这样的特性，保险公司的负债端往往具有较长的久期，而在投资险资时必须要考虑到这种长期性，即选择期限较长、资金需求规模较大的投资标的。因此，以基础设施建设为代表的国家和地方的各类具有未来现金流支撑的重大民生项目就成了有效解决这种期限错配问题的较好投资方向。

(2) 稳定性耦合

保险资金的来源比较平稳，不会出现较大的波动。正是基于这种属性，险资在进行投资决策时，更注重收益的稳定性，需要充分考虑项目到期可能产生的再投资风险，并重视大类资产配置的作用。在实际操作中，险资应尽可能回避一些相对高风险项目，而更注重选择一些流动性好、安全性好、收益性好的项目。

(3) 安全性耦合

保险资金是商业资金，其赔偿和给付需求，决定了保险资金始终面临着固定的资金成本和流动性要求，注重投资的安全审慎，确保投资收益的长期性和稳定性。

(4) 规模性耦合

近年来，我国保险业保费收入和资产规模快速增长，保险资金运用余额已超过15万亿元，且单体规模相对较大。基础设施建设项目动辄需要几十或上百亿元资金，急需长期可靠且收益率要求相对较低的资金支持。因此，保险资金供给与基建工程融资需求具有较好的契合度，即构成了险资服务实体经济的重要基础。

2.2　保险资金服务实体经济的实证检验

2.2.1　保险资金服务实体经济的文献考察

自人们开始对保险进行系统的理论研究时，就注意到保险业会对经济和社会产生正面或负面的影响。魏兰脱（Willett Allan Herbert, 1901）在《经济风险和保险》中分析了保险业对经济生活的理论关系，并清晰的解释为什么要从生产的角度考虑保险业发展。Alexander Colin Campbell（1902）在其著作《保险和犯罪问题：一个关于滥用保险产生的社会影响的思考》中认为保险公司有动机去让道德风险发生，同时认为无论保费如何，滥用保险导致的是保险人以及整个社会的损失。一直以来，保险业可能在经济和社会中产生的功能存在争议并不断发展完善。William. F. Gephart（1918）用第一次世界大战期间不完整的数据分析了战争对保险业的影响，其中涉及保险业功能问题的讨论。尽管 Gephart 承认保险是"建设性的机构（Constructive Agency）"，但没有进行充分分析，认为"保险不替换也不产生任何有形或无形资本，它只是简单地分配已经存在的东西"，"保险是一个经济和社会负担"。这一观点引起了 Ralph. H. Blanchard 质疑性的评论（1919）："这些分析仅考虑了保险对减少损失的功能但没有考虑消除风险后随之而来的生产率提高。"

几乎每一本保险经典教科书都有关于保险社会和经济价值的话题。Irving Pfeffer（1956）较早的关注了保险业与经济发展的相关性问题；Snider，Harold Wayne（1956）最早注意到人寿保险的资金可以进行长远的投资而促进经济发展。保险业的功能和价值到底如何？其功能和价值实现的理论依据与路径是什么？在实践中如何得以充分发挥？这些问题决定着保险业在经济社会发展中的地位，一直以来都是理论研究关注的焦点和重点。

2.2.2　保险资金服务实体经济的功能演进及发展

正如 Levine（1997）所说"我不相信我们对经济长期增长有充足的认知，直到我们可以理解金融体系的变化和功能"，而"金融体系被经济中的其他行业的发展所塑造。"保险服务业的功能是其本身客观存在的保险本质的体现，也是保险服务业价值实现的基础。国内关于保险功能的探究主要从保险运行机制出发，随着对保险的认知不断完善，关于保险服务业功能的认知也在争议中逐渐完善。关于保险的学说主要包括"单一说""二元说""择一说"等，与之相对应，关于保险的功能主要包括单一功能论、基本功能论、二元功能论、多元功能论和功能新论（包括社会管理功能）。李金辉等（2004）将保险功能演进分为"单一保险功能""复合保险功能"和"现代保险功能"三个阶段。

伴随着人们对保险的认知从单纯的经济活动中脱离出来，保险功能成为人们对保险活动产生的经济和社会外部效应的凝练表达。因此，可从经济和社会两个角度来认知保险服务业功能。进一步，关于是否需要将保险活动内部的异质性作为功能分化的依据，取决于不同险种客观上对经济社会产生的效应是否有所差别，如果差别客观存在，那应当允许不同险种在"功能光谱"上的位置有所差异，这也是本书写作的行文依据。

2.2.3 保险服务业经济功能理论的实证检验

（1）认同与争议：保险服务业促进经济增长的实证检验

保险在经济发展中的重要性很明显，但其在经济发展中的作用仍难以评估，尽管这在20世纪初60年代已被一些学者认可。1964年联合国贸发会议和发展组织（UNCTAD）正式承认："一个健全的国民保险和再保险市场是经济增长的一个重要特征。"下文将从经济视角来分析保险服务业在经济发展中的功能和价值，一方面从经济史中寻找答案，另一方面着重梳理关于两者关系的实证研究类文献。Patrick，H.（1966）将金融活动和经济增长之间的因果关系方向划分为供给拉动型（Supply - Leading，S - L）和需求动力型（Demand - Following，D - F）。目前保险服务业和经济增长之间存在需求动力型（"D - F"型）的关系这一研究结论已基本形成了共识。国外文献多通过实证检验保险服务业是否能促进经济增长，目前来看，关于保险服务业对经济增长的促进作用的实证结论并不完全一致。

①保险服务业可以促进经济增长。目前一些研究结论证明保险服务业可以促进经济增长，如 Hak Hong Soo（1996），Webb，Grace，Skipper（2002），Maurice Kugler，Reza Ofoghi（2005），Tan Khay Boon（2005），Marco Arena（2008），Mike Adams，Jonas Andersson et al.（2009），Rudra P. Pradhan，et al.（2015），Chien Chiang Lee 等（2013）等。除对 OECD、英美、新加坡等保险和经济发达国家的研究文献认为保险服务业可促进经济增长之外，一些基于发展中国家的研究也论证了这一观点，包括：Njegomir，et al（2010），Kok Sook Ching，et al（2010），OlalekanYinusa，et al（2013），Abdul Latif Alhassan，et al（2014），

Ángela Concha，et al（2014）等。这些肯定保险服务业对经济增长有促进作用的文献，研究样本涵盖不同经济发展水平的各类经济体，且多将保险服务业作为一个整体进行分析。表1-1梳理了近20年来研究结论认为保险服务业能够促进经济增长的国外代表性文献。

表1-1　保险服务业可促进经济增长的代表性文献（1996～2015年）

研究主题	指标选择	样本	时间跨度	研究结论	作者（年份）
人寿保险业税率与经济增长	GDP增长率、保险税收增长率	美国	1947～1993年	双向因果关系：寿险业对经济的促进作用更强	Hak Hong Soo（1996）
银行、保险与经济增长关系	保险深度、GDP	OECD国家		寿险对经济增长有强劲促进作用	Webb，Grace，Skipper（2002）
保险业规模与经济增长关系	GDP、保单数量	英国	1971～2003年 1966～2003年	保险市场规模对经济增长存在着长远关系	Kugler, M., R. Ofoghi（2005）
保险业、金融业与经济增长	人均GDP、保险业资产	新加坡	1987～2002年 1991～2002年	属于供给拉动型（supply-leading）	Tan Khay Boon（2005）
保险业与经济增长	人均GDP增长率、保险深度	55个工业国家	1976～2004年	保险活动可促进经济增长	Marco Arena（2008）
银行借贷、保险业与经济增长的关系	保险深度、银行贷款总额、人均GDP	瑞典	1830～1998年	保险业是经济增长和银行借贷的granger原因	Mike Adams, Jonas Andersson et al.（2009）
保险业与经济增长的关系	保费和GDP	10个欧盟国家	1992～2007年	保险业发展可促进经济增长	Marijana Ćurak, Sandra Lončar et al.（2009）
保险业与经济增长的关系	保险深度、保险密度、GDP	7个拉丁美洲国家	1980～2009年	保险业发展可以促进经济增长	Ángela Concha, Rodrigo Taborda（2014）
保险业与经济增长的关系	保险深度、GDP	加纳	1990～2010年	保险业发展可以促进经济增长	Abdul Latif Alhassan et al（2014）
保险业、金融业与经济增长的关系	人均实际GDP、保险密度、保险深度	34个OECD国家	1988～2012年	长期看属于供给拉动型、短期存在着反馈效应	Rudra P. Pradhan, Mak B. Arvin, et al.（2015）

数据来源：由作者自行整理得出。除最后一项OECD的分析之外，基本样本均属于发达国家（地区）的早期或者发展中/欠发达国家（地区）近年来的数据，这或许说明保险对经济增长的促进是有一定的条件的。

国内关于保险服务业与经济增长的关系研究基本沿着"20世纪的'协同增长'——21世纪初的'D-F型'——近十年来的'S-L型'"的研究主题演进:关注两者协同关系的代表性文献包括林宝清(1996)、孙祁祥(1997)、卓志(1999)等。认为经济发展会拉动保险需求的代表性文献包括:卓志(2001),吴江鸣、林宝清(2003)等;目前越来越多的文献趋向于认同保险服务业可促进经济增长这一观点:赵尚梅等(2009)发现,保险业增速每提高1%将带动实际GDP增长率提高1.2154%;张颖等(2009,2010)认为,我国保险业与经济增长的关系以供给导向(S-L)模式为主。

②保险服务业促进经济增长呈现地域异质性。道格拉斯·诺思(1981)通过对不同经济体的经济历史发展历程比较分析后认为不同的政治体系、法律传统、市场体制会对经济发展和金融发展都产生影响。最早注意到保险业与经济增长之间的关系并不完全一致的是 Damian Ward 和 Ralf Zurbruegg。Avram 等(2010)、Han 等(2010)、Pei fan Chen 等(2012)、Tsang yao Chang 等(2014)的研究在一定程度上印证了 Ward 和 Zurbruegg(2000)的结论,即保险业对经济增长的促进作用在经济发展、法律环境、保险发展等宏观制度有差别的区域间可能存在异质性(见表1-2)。

表1-2 研究结论因样本不同而不同的代表性文献(2000~2014年)

研究主题	指标选择	样本	时间跨度	研究结论	作者(年份)
比较不同国家保险业与经济增长关系	实际GDP和实际保费	9个OECD国家	1961~1996年	不同国家的关系不同	Damian Ward, Ralf Zurbruegg (2000)
比较不同国家保险业发展与经济增长关系	保险密度、保险深度、GDP	93个国家	1980~2006年	保险促进经济;发展阶段对此有影响	Avram, Nguyen, Skully (2010)
发达国家和发展中国家的保险业与经济增长关系比较	保险密度、GDP	77个国家	1994~2005年	发达国家保险业对经济增长的贡献较发展中国家更显著	Han, Li, Moshirian, Tian (2010)
比较不同国家之间寿险对经济增长影响	保险深度、保险密度、GDP	60个国家	1976~2005年	中等收入国家的促进相对于低收入国家弱	Pei fanChen, Chien Chiang Lee, ChiFeng Lee (2011)
发达国家保险与经济的关系	GDP和保费	日、挪、法、英等国家	1987~2011年	国家之间的因果关系不同	Ana-Maria BURCĂ, et al (2013)

续表

研究主题	指标选择	样本	时间跨度	研究结论	作者（年份）
寿险发展与经济增长的关系	人均寿险保费、人均GDP	41个国家	1979~2007年	寿险与经济增长存在长期和短期互动关系	Chien Chiang Lee, Chi Chuan Lee et al (2013)
不同国家保险与经济的关系	保险深度、人均GDP	10个OECD国家	1979~2006年	不同国家的因果关系不同	Tsangyao Chang, Chien Chiang Lee et al (2014)

数据来源：由作者自行整理得出。

针对保险业促进经济增长的效果存在地域性差异这一结论，有学者对此提出了解释，认为主要是由于不同经济体保险业促进经济增长的机理有所差别［Haiss和Sumegi（2008），Azman Saini、W. Smith、Peter（2011）］等。

③简单诠释和思考。不难看出，尽管大多数文献都认为保险业对经济增长有积极的促进作用，但"保险服务业能否促进经济增长"并无统一结论。这一方面由于实证研究结论受研究方法、研究样本、指标选择等因素的影响较大；另一方面在于保险服务业和经济发展的影响因素众多，不同特征的经济体下，保险对经济增长的影响有所差异应该是客观允许的。不同的计量方法、不同指标的选择都有可能会影响实证研究的结论。此外，样本地区的选择也会影响实证结论，典型的一种情况是，样本选择的同质性太强或者样本之间存在着明显的内部关联性（例如：货币交换、共用货币、自贸区等）。由于数据的限制，目前大多数研究集中在有类似经济发展水平和金融市场结构的发达国家或地区，这些地区往往有类似的发展经历和类似的文化根源（例如法律起源、信仰等），所以很难全面的认识保险服务业对经济增长的促进作用和所须条件（门槛）。因此，为了能够更好的动态地认知两者的关系，需要更多的从理论中寻找答案，而理论分析的切入点应当是保险服务业的功能（区别于其他行业、区别于其他金融服务业）。

（2）简单评述与小结

①保险业是否能够促进实体经济研究应从演进和辩证的视角进行研究。人类对事物的认知是不断进化的，且需要用主观的感受对客观存在进行描述，才能得以形成理论。从这个角度来看，保险功能的争议和演进或许是人类对保险本质的

认知和表达能力演进的一种表征而已,同时"近年来保险服务业发展被正在改变的服务业(包括保险服务业自身)角色所影响"(Giarini & Stahel,2000)。此外,保险服务业的经济和社会功能可能会由于外界条件和实施策略的不当而适得其反,August Ralston(1979)对环境污染责任保险和 Laurence J. Kotlikoff 等(1986)对年金保险的研究都表达了对保险功能反思的重要性。

②保险服务业的经济功能讨论应围绕保险服务业的本质:"保险姓保"。横跨经济保障和金融两个领域是保险业的优势,但是保障是根,金融是叶,根深才能叶茂(孟龙,2012)。从保险起源来看,保险最早的功能是经济补偿,在不断演进过程中,尽管保险服务业的角色不断演化,但其最根本的是一项以风险为交易对象的交易活动,在交易过程中实现了资金、信息、资源的聚集和分散(再分配)。因此,保险服务业的本质是一项不断满足人们处理风险的服务,保险服务业功能的研究应围绕其本质属性。然而,这种属性可能是在不断的演进的,内部的异质性决定了在分析其概念时或应持辩证的态度:寿险业更多的体现了资金融通功能,而非寿险业或许更多的反映了其风险管理和损失补偿功能。关于保险服务业功能和价值的探讨,或许应考虑的并不仅是非此即彼或者层次上的差异,而是一种多元(至少是二元)的并列(或占优)和组合的共存关系。在讨论和研究保险服务业促进实体经济这一经济功能过程中,应重视"保险姓保"这一基本特征,在注重保险服务业保障作用的基础上来探究如何以此促进实体经济发展的内在规律和理论基础。

③研究的范式可适当丰富,加强数据和事实的论证。大多数文献在分析保险经济功能时都采用了实证的研究范式,尽管结论有些差异,但这更能够促进理论的反思和推演。尽管保险社会功能很难进行定量的分析,Richard V. Ericson 等(2003)在研究过程中仍试图用事实或数据说明保险确实可以进行风险治理,对社会产生影响,从而论证了保险社会功能的存在。国内关于保险服务业功能的研究大多表现为定性研究,魏华林(2004)通过对世界保险业曾经发生的三次保险危机的考察证明保险的社会管理功能是一种客观存在,成为国内以论据支撑保险功能的代表性文献。这些文献都为如何丰富保险功能研究提供了新的思路。值得注意的是,实证研究有其客观的局限性,在通过实证研究对保险服务业功能进行验证时,应当持有辩证的思维方式,重视理论依据的挖掘。

| 第 3 章 |

保险资金服务实体经济的现实考察

3.1 实体经济与虚拟经济的辩证关系

3.1.1 对"实体经济"与"虚拟经济"概念的界定

2002年党的十六大报告首次提出"要正确处理虚拟经济与实体经济的关系",之后有关"实体经济"与"虚拟经济"概念及两者关系的相关研究在国内得到了更广泛的关注。关于"实体经济",虽然是一个相对通俗的概念、未有明确定义,但在理论界争议和分歧相对较少;其理论基础来自于成熟的古典经济学。古典经济学认为,经济增长表现为总产量的增加,由生产函数决定,是一种投入和产出的关系。以此为基础,"实体经济"可理解为物质和精神产品及服务的生产、流通等经济活动,现实中常用国内生产总值(GDP)或产品产量等表示实际产出的指标进行衡量。

相对"实体经济","虚拟经济"是一个相对较新的经济学名词,理论界和学术界尚未达成统一的概念,国内有代表性的主要包括成思危[1]、刘骏民[2]、戴相龙[3]、李扬等学者的观点。虽然学术界对"虚拟经济"的概念和范畴存在不同的理解,但从概念的提出和起源来看,其主要衍生和发展于马克思提出的"虚拟资本"[4]。随着金融市场的不断发展,"虚拟资本"的外延得以拓展,"虚拟经济"则是虚拟资本不断发展的产物[5]。本书采纳杜厚文(2003)厘清相关概念后得出的定义:"如果说实体经济指的是传统的商品和劳务的生产和流动等经济活动的

---

[1] 虚拟经济是与实体经济相对应的一种经济活动模式,是虚拟资本以金融平台为主要依托所进行的循环运动有关的经济活动,以及其中所产生的各种关系的综合。
[2] 虚拟经济是以资本化定价行为为基础的价格系统,其运行的基本特征是具有内在的波动性。
[3] 虚拟经济是指以股票、债券及金融衍生品等各种虚拟资本为工具,以金融系统为主要依托,脱离实体经济活动的经济运动形式。
[4] 马克思在《资本论》中将"虚拟资本"概括为独立于现实资本运动之外,以有价证券等形式存在的,能给持有者带来一定收入的资本。
[5] 成思危(2002)将虚拟经济的发展分为五个阶段:一是闲置货币成为生息资本;二是生息资本的社会化;三是有价证券的市场化;四是金融市场的国际化;五是国际金融的集成化。

话，虚拟经济则是与实体经济相分离的，具有相对独立的运行规律和特征，不经过实际资本循环，通过投资者的买卖就能带来收益的经济形态"。简单讲，虚拟经济就是以金融体系为依托直接"以钱生钱"的经济活动，无须像实际资本经历"交换—生产—流通—交换"的循环即可产生收益。

3.1.2 虚拟经济的特点

除了一般认为的虚拟经济具有虚拟性、派生性、复杂性、高风险性和高速增值性外，虚拟经济还有周期性、客观性以及主观性的特点。

（1）周期性

杨明生（2008）认为虚拟经济的演化具有明显的周期性，一般包括实体经济加速增长、经济泡沫开始形成、货币与信用逐步膨胀、各种资产价格普遍上扬、乐观情绪四处洋溢、股价与房地产价格不断上升、外部扰动造成经济泡沫破灭、各种金融指标急剧下降、人们纷纷抛售实际资产及金融资产、实体经济减速或负增长等阶段。其中，提到的"情绪"和"外部扰动"等内容与乔治·阿克洛夫和罗伯特·席勒（2012）在《动物精神》中运用行为经济理论对经济周期的描述不谋而合。可以看出，虚拟经济的发展周期与整个经济社会是紧密相连的，更会受到市场情绪的影响而波动。这也侧面说明了，"脱实向虚"与经济的萧条的步调非常一致，有着某种联系。

（2）客观性

成家军（2016）的研究表明，虚拟经济的发展是随经济发展、经济结构变化而产生的，是难以避免的。首先，经济发展的前提下，国民收入增长，社会财富增加，金融体系在现代经济生活中地位和作用进而提升。其次，金融体系基本的融资功能日益弱化。最后，金融资产价格泡沫的膨胀，扩大了社会居民收入差距。但是，虽然经济金融化，或者说虚拟经济的产生和发展是正常的，但是始终应当警惕，金融不能离开服务实体经济的本质要求。

(3) 主观性

周骏等（2003）研究认为经济越虚拟化，对人们信心的依赖性就越强。主观风险来自人们对未来预期收益主观估计的错误。比如投机者，他们不是看未来收益的折现，而是看买卖价差，对买卖价差的判断来自于主观情绪，也就带来了主观风险。类似的，行为金融学有观点认为，整个社会对经济前景的共识即所谓的"信心状态"发生变化会导致经济周期波动。格林斯潘对于亚洲货币暴跌的分析于此相似，认为"蔓延开来的本能恐惧感"才是造成投资资金大规模撤退，导致货币贬值的根源，而与"真实情势并无关联"。

3.1.3 对"实体经济"与"虚拟经济"关系的认识

在现代经济中，"实体经济"与"虚拟经济"相互依存。一方面，虚拟经济的发展必须建立在实体经济发展的基础上；另一方面，虚拟经济像一把"双刃剑"，对实体经济存在正反两方面的影响。

(1) 实体经济是虚拟经济产生和发展的前提条件

实体经济作为物质和精神产品的生产部门，是人类社会生存和发展的根基，是虚拟经济健康发展的前提。纵观经济史，虚拟经济是实体经济发展到一定阶段后、为了适应实体经济发展的内在需要而逐渐产生和发展起来的，可见虚拟经济的发展是由实体经济决定的。例如，实体经济融资需求增长直接推动了金融业的发展；为了规避风险，一些金融工具应运而生；而企业经济效益的好坏决定了股票等有价证券的价格等。在第五次全国金融工作会议上，习近平总书记在讲话中强调，"金融是实体经济的血脉，为实体经济服务是金融的天职，是金融的宗旨，也是防范金融风险的根本举措"，彰显虚拟经济应围绕实体经济发展这一根本逻辑。

(2) 虚拟经济对实体经济具有正面推动作用

正如前文所讲，金融是实体经济的血脉。虚拟经济对实体经济发展具有重要的助推作用，主要表现在以下几方面：第一，融资功能，是虚拟经济支持实体经济的最基本的作用；例如，企业通过发行和交易股票、债券等相关证券，从社会筹集更多的资金用于生产经营，进一步推动实体经济的发展。第二，价格发现功能，引导有限的社会资源流向效益高的领域，提高经济运行效率；例如经营效益好、具有发展前景的企业所发行的股票、债券等资产价格趋于上升，增量资金倾向于投入这些部门。第三，风险规避功能，有利于分散经营风险，降低企业的交易成本；例如虚拟经济中的期货市场套期保值和外汇掉期等衍生工具，有助于实体企业规避市场价格波动和汇率变动所带来的风险。

总而言之，当"虚拟经济"和"实体经济"两者协调发展时，虚拟经济通过特定的金融工具，将投资者追求收益的过程与资源的有效配置以及风险规避结合起来，满足实体企业的资金需求，降低实体企业的成本和风险。

（3）虚拟经济与实体经济过度失衡将诱发系统性风险

虚拟经济对实体经济具有正面助推作用的同时也存在一定负面反馈。虚拟经济一旦过度膨胀、严重背离实体经济发展这一前提，就会反噬实体经济，甚至会诱发系统性风险，导致经济危机。首先，对实体经济形成"挤出"效应。虚拟经济过度膨胀导致虚拟资本价格上升，由此会吸引大量资本从实体经济领域流出，进而导致融资难、融资贵，阻碍实体经济发展。其次，资产价格泡沫膨胀或诱发系统性风险。虚拟资本价格较多受到预期影响，往往并非理性，容易导致金融资源脱离实体领域在自身体系循环、自我膨胀，最终带来资产泡沫等多种隐患。最后，对货币政策产生一定破坏性；虚拟资本的定价受到预期影响，不确定性较大，与其理论价格的偏离程度往往难以发现，对央行采取的货币政策等纠偏措施提出挑战；比如虚拟经济对利率变化不敏感时，当央行通过利率进行宏观调控时，或加剧实体经济和虚拟经济的背离。

综上所述，虚拟经济对实体经济的作用像是一把"双刃剑"，当"脱实向虚"不断加剧、两者严重失衡时，虚拟经济融资、资源配置等功能出现紊乱，将最终威胁到实体经济的稳定。所以必须保持虚拟经济的适度发展，更多地激发其积极作用，而遏制其消极影响。

3.2 我国实体经济发展的阶段特征及困境

3.2.1 我国实体经济发展的阶段特征

实体经济以工业为核心,触发工业革命、推进以工业化发展是现代国家经济发展和社会进步的必由之路。从英美日等成功工业化国家的经验、拉美国家失败的工业化过程以及我国自身百年的工业化历程来看,工业化具有从乡村原始工业革命开始,逐步迈向以轻工业为主的第一次产业革命,进而迈向以机器制造和重工业为主的第二次产业革命这样按阶段、按顺序逐级展开的内在规律性。就我国改革开放以来近40年的工业化发展历程来看,可以划分为农村原始工业化、第一次工业化、第二次工业化这三个主要阶段(见图3-1)。

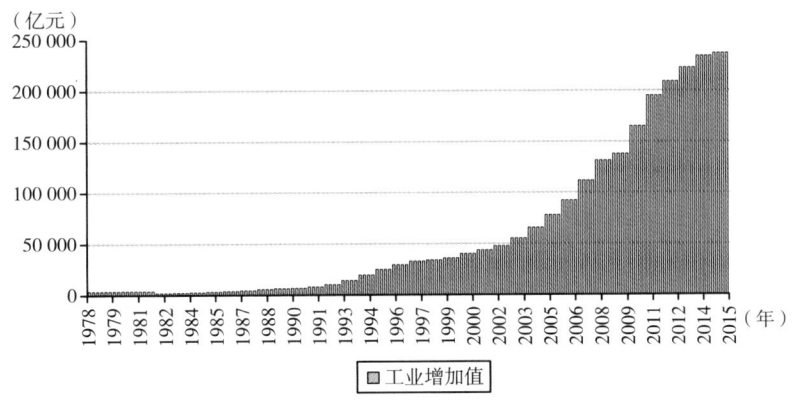

图3-1 改革开放以来我国实体经济领域的三次升级及贯穿其中的供给侧改革

数据来源:国家统计局。

(1) 实体经济发展的第一阶段

第一阶段从1978年到1991年,实体经济进入农村原始工业革命发展阶段,全国乡镇企业异军突起。在这一阶段,乡镇企业在农村经济发展的主体地位日益提升。1978年乡镇企业产值占农村社会总产值的比重不到1/4，经过十年的快速发展到1987年则首次超过了农业总产值，占比达到52.4%，已成为农村经济的半壁江山，并成为整个国民经济的重要组成部分。这一阶段的经济发展面临的主要问题以及采取的经济政策主要体现在十一届、十二届、十三届三中全会所出台的改革措施中。

十一届三中全会提出"把全党工作的着重点转移到社会主义现代化建设上来的建议"，并着力解决的国民经济中的五大发展问题：一是轻重工业比例严重失调，或者说是两大部类比例失调；二是所有制结构比例严重失衡，国有经济与集体经济几乎一统天下，个体民营经济几近窒息，基层民众的创造性与主动性被扼杀；三是城乡、工农关系上的严重畸形，农业生产力发展严重滞后；四是空间上的失衡，工业生产力主要布局在中西部地区，东部沿海地区工业生产力受到较大压制；五是经济发展思想失当的问题。

十二届三中全会提出《中共中央关于经济体制改革的决定》，推动改革由农村走向城市和整个经济领域，改革实现三方面突破性进展：一是明确提出实行在公有制基础上的有计划的商品经济；二是指明国有企业的所有权和经营权相分离的改革思路；三是推进价格体系、建立多种形式的经济责任制分配制度的改革。

十三届三中全会通过了《关于价格、工资改革的初步方案》《中共中央关于加强和改进企业思想政治工作的通知》，提出通过压缩社会总需求和抑制通货膨胀实现经济环境的治理，通过整顿经济生活中特别是流通领域中出现的各种混乱现象实现对经济秩序的整顿。

从供给侧改革的意义上看，十一届、十二届、十三届三中全会改革就是转变抑制轻工业、抑制个体民营经济、抑制农村与农业和抑制东部沿海地区的政策，激活经济活力，解放思想束缚，推动了我国原始工业化进程，拉开了洋务运动以来第四次工业化的新序幕。

（2）实体经济发展的第二阶段

第二阶段从1992年到2001年，实体经济进入第一次工业革命发展阶段，我国成为全球轻工业消费品制造的世界工厂并通过煤炭、钢铁和基础设施建设激活第二次工业革命。我国钢产量在1980年到1990年的原始工业化阶段增加总量不足3 000万吨，1990年到2000年的第一次工业革命阶段增加了6 200万吨。这一阶段的供给侧改革以1993年召开的十四届三中全会和加入WTO为主要标志。十四届三中全会讨论通过《中共中央关于建立社会主义市场经济体制若干问题的决定》，明确建设社会主义市场经济，确立计划、财政和货币三位一体的调控，并先后实施四方面关键改革：一是进行粮食流通体制改革，二是进行"抓大放小保关键"的国有企业的改制重组，三是进行教育产业化改革，四是进行住房商品化改革。面对亚洲金融危机的挑战，在供给侧方面通过在2001年加入WTO和2003年召开十六届三中全会通过《中共中央关于完善社会主义市场经济体制若干问题的决定》，提出大力发展和积极引导非公有制经济，具体在财政方面要求统一税制，坚持宽税基低税率原则；在金融方面稳步推进利率市场化，扩大直接融资，大力发展机构投资者；在国企改革方面要求建立健全国有资产管理和监督体制，破除垄断；在价格方面要求加快要素价格市场化；在产业类型上注重发展劳动密集型产业。

（3）实体经济发展的第三阶段

第三阶段从2002年到2017年，我国实体经济进入第二次工业革命发展阶段，成为制造业大国，取代美国成为全球机械和资本密集型产品的最大出口国，同时推动金融业的繁荣，开启人民币国际化进程，并在能源、信息、通信、计算、动力、材料等多个科技前沿领域产生巨大进步，逐步激活第三次工业革命。以国家高速公路建设和汽车生产为例。我国的高速公路网建设始于1989年，即原始工业化后期，但真正的大规模建设是从1998年第一次工业化后期和整个第二次工业革命时期开始的。1998年到2002年，国家高速公路总长度从0.87万公里猛增至2.51万公里，增加了近2倍，到2015年增加至12.35万公里，是1998年的14倍，2002年的5倍。这一长度在2016年突破13万公里，并预计"十三五"期末达到16.9万公里。另外，汽车年生产量在1994年时为134万辆，从2002年开始进入快速增长阶段，从当年的325万辆增长至2008年的930.59万辆，并在2009年首次成为世界汽车产销第一大国，达到1 379.53万辆，随后在2015年增长至2 450.35万辆（见图3-2）。显而易见，以机械制造和重工业为主导产业的第二次工业革命对于交通基础设施及其运输工具的巨大供给作用。

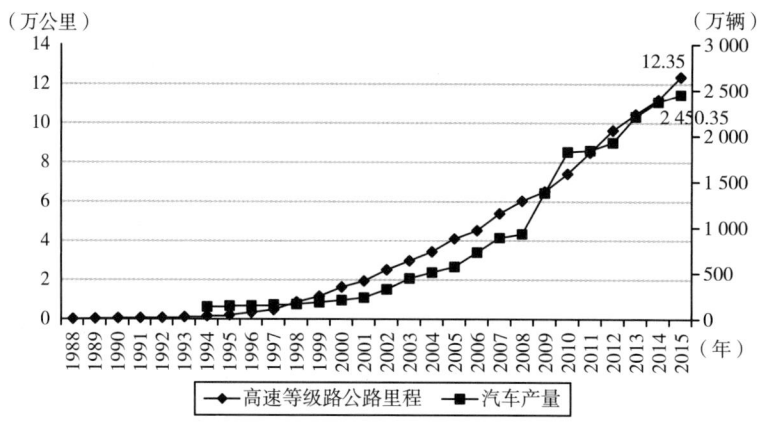

图 3-2 我国高速公路与汽车产量的历史数据

数据来源：国家统计局。

3.2.2 当前我国实体经济发展困境

(1) 实体经济的分层结构

要分析清楚实体经济面临的困境，需要首先对实体经济进行清晰准确的定义。黄慧群（2017）借鉴货币 M0、M1、M2 的分层定义方式，构建起实体经济的三层分析框架。从中可以形成定义实体经济的分层公式，即实体经济 R0 = 制造业；实体经济 R1 = R0 + 农业、建筑业和除制造业以外其他工业；实体经济 R2 = R1 + 批发和零售业、交通运输仓储和邮政业、住宿和餐饮业以及除金融业、房地产业以外的其他所有服务业。可以看出，实体经济的分层框架类似套娃，第一层是制造业，这是实体经济最核心的部分，可以理解为最狭义的实体经济；第二层是一般意义上的实体经济，包括制造业、农业、建筑业和除制造业以外其他工业，是实体经济的主体部分；第三层是实体经济的整体，除了包括第二层实体经济的主体部分外，还包括批发和零售业、交通运输仓储和邮政业、住宿和餐饮业，及除金融业、房地产业以外的其他所有服务业。这也是最广义的实体经济。第三层实体经济和金融业、房地产业就构成了国民经济整体，也就是包括实体经济与虚拟经济的整个国民经济。

（2）当前实体经济面临的结构失衡

习近平总书记在分析新常态经济的时候曾经强调结构性问题最突出。当前我国实体经济面临的主要问题也主要是结构失衡的问题。从实体经济 R0 来看，我国制造业面临大而不强的问题，主要体现为高端和有效供给不足而中低端和无效供给过剩的结构性失衡问题。这是我国当前实体经济发展面临的突出问题和突出矛盾。在产业结构方面，制造业产业结构高级化程度不够，高端装备制造业和生产性服务业发展滞后，战略性新兴产业、先进制造业比重过低。研究显示，2016 年我国战略性新兴产业增加值占 GDP 的比重仅为 10% 左右，而"十三五"规划要求这一比例在 2020 年达到 15%。在企业结构方面，存在相当数量的"僵尸企业"，优质企业数量偏少，尤其是世界一流制造企业更少，而且创新能力不足、资源能源利用效率低、信息化水平不高，企业全球化经营能力不足。在产品结构方面，产品档次偏低，标准化水平和可靠性不高，高品质、个性化、高复杂性、高附加值的产品的供给能力不足。

从实体经济 R1 来看，主要是制造业工业与非制造业工业，即制造业与采矿业、电力热力燃气及水生产和供应业之间的结构失衡问题。更准确地说是诸多非加工制造业产能过剩的问题。近年来，我国重工业发展迅猛，煤炭、钢铁、水泥等行业产能过剩严重，这已经成为普遍共识。同时，电力行业也逐渐进入产能过剩阶段。据中电联统计数据，2014 年时全国发电设备平均利用小时已经降至 1978 年以来最低水平，即 4 286 小时；到 2016 年，这一指标进一步降到 3 785 小时，为 1964 年以来最低水平。另外，产能过剩行业内部的结构性过剩问题值得关注。以电力行业为例，电力市场是结构性产能过剩，火电占比偏高，2016 年高达 71.60%，而水电、风电、核电、光伏发电等清洁能源占比偏低。

从实体经济 R2 来看，主要涉及两个方面问题。一是工业与非金融服务业之间的结构和关系问题。从数据来看，改革开放以来，第三产业占国内生产总值比重持续上升，特别是 2012 年其占比与第二产业占比基本持平后加速提高并超过第二产业占比，到 2015 年超过 50%，2016 年进一步上涨至 51.6%。由于服务业资本深化程度不够，占比过快增长会使全社会人均资本降低，进而导致全要素生产率下降，影响经济增长速度，形成和"结构性减速"。同时，服务业占比快速提升与实体经济 R1 占比下降相伴同生，导致"过早去工业化"的风险。由于服务业效率明显低于制造业效率，低效率、低端化的服务业占比的迅速提高，意味着经济资源向低效率部门转移，必然导致整体经济效率下滑，形成效率下降的"逆库兹涅茨化"问题。二是服务业内部结构问题。服务业大体上可以分为传统服务业和现代服务业两类。前者主要涉及批发和零售业、交通运输、仓储和邮政业、住宿和餐饮业、居民服务、修理和其他服务业；后者主要包括水利、环境和公共设施管理业、信息传输、软件和信息技术服务业、科学研究和技术服务业等。同时服务业还可以分为生活性服务业和生产性服务业。由于我国社会分工程度较低，企业"服务内置化"较为普遍，严重制约了生产性服务业的效率提高和质量提升。同时，由于制造业长期依赖国际代工模式发展，生产性服务业特别是高附加值的生产性服务业往往由境外公司供给，导致我国国内生产性服务业市场狭小、需求不足，服务业高端化举步不前。发达国家的服务业往往有"两个70%"，即服务业增加值占 GDP 构成的 70% 以上，在服务业增加值中生产性服务业占 70% 以上，也就是说生产性服务业占 GDP 的比重在 50% 以上。我国目前还没有非常权威的生产性服务业统计数据。据估计，我国目前生产性服务业占 GDP 的比重大概在 15% 左右，与发达国家相比还有很大距离（见图 3-3）。

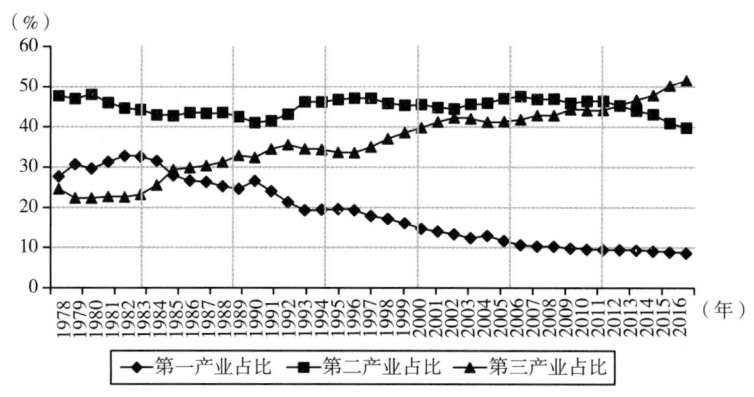

图 3-3　1978~2016 年中国三次产业结构的变化

数据来源：国家统计局。

从实体经济 R2 的外部结构来看，实体经济与金融业、房地产业之间存在结构性失衡，主要是经济的过快金融化、房地产化。美国次贷危机以来，我国实体经济 R2 增加值（不变价格）与金融业增加值、房地产业增加值占 GDP 比重分别呈阶梯升降态势（见图 3-4）。2007~2010 年，三者处于平稳胶着状态；2011年实体经济 R2 与 GDP 之比迅速下跌近 2 个百分点至 88.29%，同时，金融业和房地产业与 GDP 之比则分别跳涨 1 个百分点。随后，实体经济 R2 与 GDP 之比经过5年平稳后，2016年骤降2.43个百分点至85.52%；金融业持续"繁荣"，其与GDP之比一路高涨至2016年的8.32%；房地产业与GDP之比结束四连跌，跳升1.17个百分点至6.16%。金融业与房地产业的快速增长与实体经济的相对萧条是过去几年我国经济的真实写照。值得关注的是，在过去几年，我国实体经济投资收益率显著下滑，金融系统特别是银行、证券、基金、信托通过延长信用链条、表外化、通道化等创新手段寻求较高回报，导致影子银行规模迅速膨胀。据估计，广义影子银行规模（银行非传统信贷业务、非银行金融机构资产业务和其他融资类业务）从2010年的15.45万亿元增长到2016年的95.94万亿元，涨幅超过5倍；M2与GDP之比也从2010年末的1.81升至2016年末的2.08。与经济金融化过程相伴的是经济的房地产化。一方面，个人住房贷款余额迅速膨胀，从2008年12月末的2.98万亿元上涨至2016年末的18万亿元，至2017年9月末进一步上涨至21.10万亿元；另一方面，房地产业对GDP增长也发挥了重要作用，2010年对GDP增长贡献3.9个百分点，2016年贡献7.8个百分点（见图3-5）。

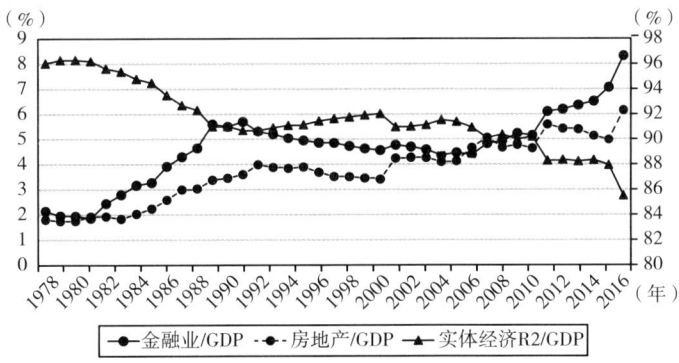

图3-4 1978~2016年我国经济结构比例变化走势

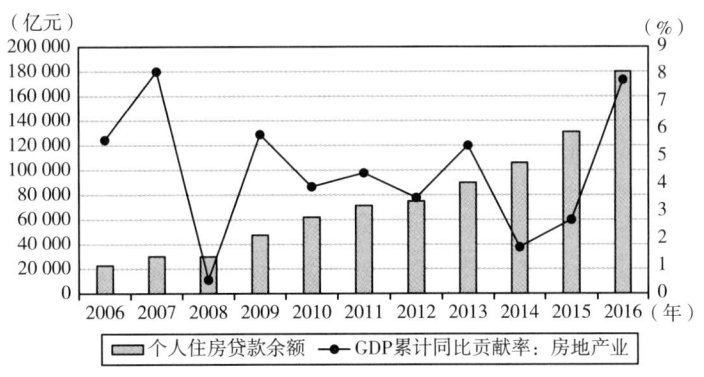

图3-5 个人住房贷款余额及房地产对GDP贡献率

3.3 我国保险资金投资现状

3.3.1 我国保险业发展现状

(1) 近年来保险业整体规模快速增长

截至 2017 年 11 月,国内保险业的资产总额超过 16 万亿元,而 2005 年底行业规模仅为 1.5 万亿元,短短十余年间扩大了 10 倍。从发展趋势上,2006~2007 年是保险业资产总额扩张速度最快的时期(2007 年增速甚至达到了 47%),这主要得益于全球和中国经济的快速发展和股市的繁荣。而在 2008 年金融危机后,行业增速呈断崖式下跌,但仍能保持在 10%~25% 稳定且较快的增长区间内。需要注意的是,2017 年保险业的资产增速出现一定程度的下跌。但从总体上看,得益于过去中国实体经济的持续发展,作为中国金融市场支柱产业的保险业获得并积累了大量且丰富的资金和资源(见图 3-6)。

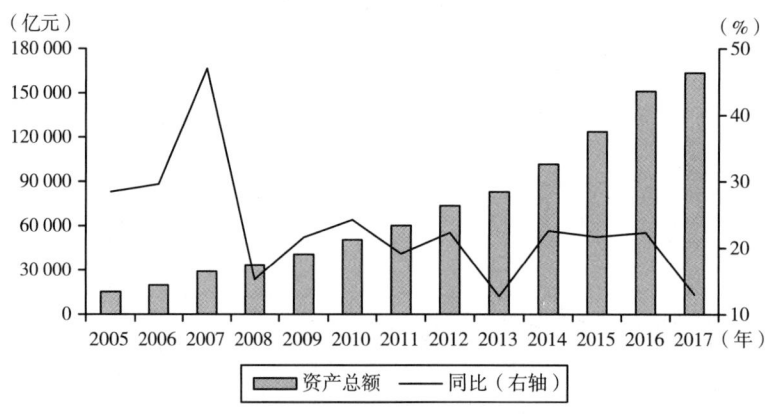

图 3-6 近年来保险业资产总额及同比变化

数据来源:中国银保监会,Wind。

(2) 寿险公司资产规模居于主导地位

分项来看，寿险公司的资产规模仍在行业中居于绝对主导地位。近年来，产险资产取得快速增长，而再保险的发展呈现出极大的波动特征。截至2016年底，寿险、产险、再保险公司资产总额分别达到124 369.88亿元、23 744.14亿元和2 761.29亿元，其中，寿险公司规模占行业整体规模的82.2%，依旧是保险行业最重要的组成部分。但从2013年至今的资产增长趋势来看，产险公司的增速整体上高于寿险公司，这表明公司和居民通过保险渠道对财产进行保护并分散风险的意识逐渐增强，保险与实体经济的融合程度正在不断加深。

此外，中国再保险资产则呈现出快速增长——急速下跌——缓慢恢复增长的趋势，其背后原因是2016年寿险业务分保赔付支出的快速上升（超出收入的两倍）。然而，作为国际保险市场最主流的业务，随着未来中国企业不断通过"一带一路"等方式拓展国际业务，再保险市场仍旧具有非常大的发展潜力（见图3-7）。

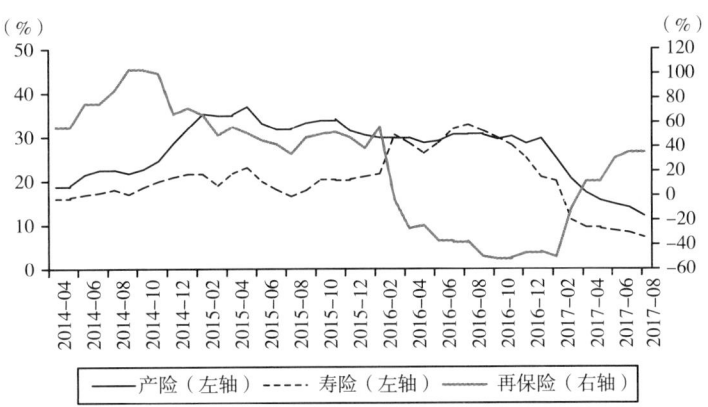

图3-7 2014年4月~2017年8月保险分行业资产总额累计同比变化

数据来源：中国银保监会，Wind。

(3) 产险和人身险均高增但速度不一

从保险公司收入端——原保费收入的近年累计同比变化来看，产险和人身险呈现出较为不同的增长特征，其中人身险的增长速度较快。从2013年至2016年底，保险原保费收入已从1.7万亿元上升到3.1万亿元，累积增长79.8%，这与保险公司资产扩张速度相匹配。

分项来看,以寿险为重要组成部分的人身险的原保费收入在2017年1~8月占整体收入比例的76.9%,并成为拉动整体原保费收入快速增长的主要原因。值得注意的是,2016年初人身险保费收入呈现时点性迅猛增长势头,当年1~2月的累计同比增速分别达到72.32%和63.39%。但从2017年初开始,人身险增速呈现趋势性下降,最新数据仅有22.76%的增速(见图3-8)。

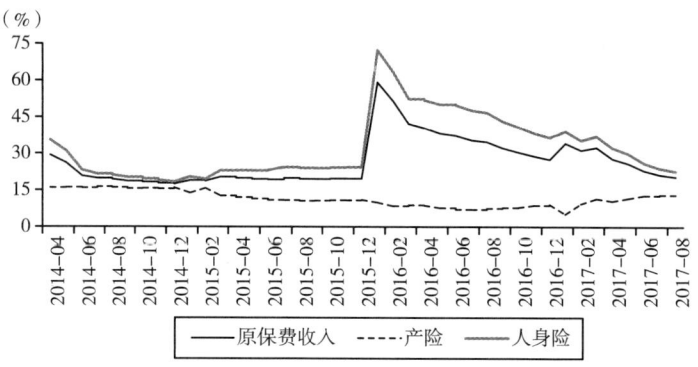

图3-8 近年来保险行业和产险、人身险原保费收入累计同比变化

数据来源:中国银保监会,新闻整理。

反观产险,其增速稳定保持在5%~15%的较低区间内,且从2017年初呈现出趋势性上升之势,未来或在国家政策引导下取得较快速度的增长。分类别看,在国家积极推动保险业参与农村扶贫工作、支持鼓励保险公司开发特色农业保险的背景下,农业保险业务取得了极大的成效。2013年的农业保险保费收入为306.59亿元,而2017年前8个月的保费收入已经达到了389.29亿元,自2014年底起累计同比增速就整体性高于全产险原保费收入增速(见图3-9)。

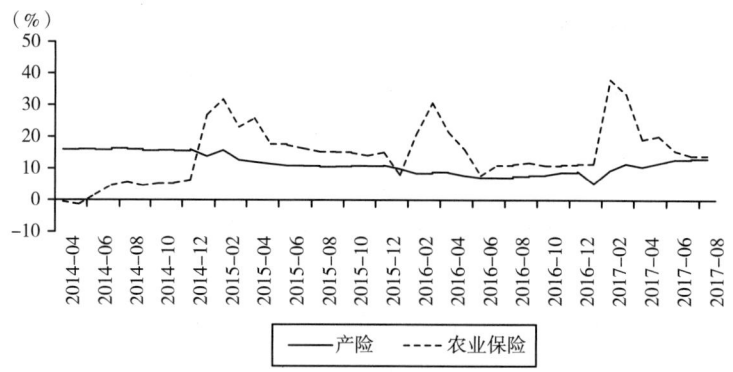

图3-9 近年来产险和农业保险保费收入累计同比变化

数据来源:中国银保监会,新闻整理。

3.3.2 保险公司资金投资管理问题分析

(1) 保险资金投资风险有所上升

尽管当前中国保险资金的银行存款和债券比例不断下降、以其他投资为代表的实体经济类投资的比重不断上升,但保险资金目前仍存在一定的投资风险,主要源于两个方面:

一方面,保险公司资产和负债的期限结构依然存在一定程度的不匹配。从近年数据来看,尽管财险的收入占比呈现增长趋势,但超七成的保费收入仍旧来源于寿险类产品,其具有保险期限长、风险偏好低等特点。而从目前的投资结构看,超过 50% 的资金依旧投资在银行存款、债券等中短期收益率较低的资产上,相对于寿险的收入比例,保险资产的加权平均投资期限仍较短,因此,仍需增加更多低风险且具有相对高收益的中长期资产投资。

另一方面,保险资产投资依旧呈单一化特征,不利于分散化风险。例如,银行存款和债券等高流动性资产均受货币政策及利率走势影响较大,尤其是在货币政策趋严和金融去杠杆的大背景下,流动性收缩势必会抬升债券收益率并造成债券价格的下降,从而影响到保险资金的收益率。因此,应在一定程度上增加同业拆借、蓝筹股等流动性强、收益率较高的品种以对冲一部分市场波动风险。

(2) 保险公司风险管理有待加强

除了投资风险之外,相比国外情况,我国保险公司对于资产的内外部风险控制管理仍存在提高的地方,体现在下述两个方面:

一方面,投资部门的独立化。目前,我国保险公司的险资投资模式主要分为三类:内设投资部、外设资产管理公司以及同时设有上述两个分支机构(该情况下,内部投资部可能仅起到监管外部投资作用),且以第二种居多。对于保险资产管理公司而言,由于其部门相对独立性以及业务的单一性,因此尽管集团公司对于投资可能存在一些硬约束(例如股权类资产投资比例上限等),但在经济理性假设下,其做决策或更多基于投资角度而非从公司全局出发。随着 2012 年 7

月放开保险资产管理产品并允许参与泛资产管理产品之后,这种现象呈愈演愈烈之势。

另一方面,保险公司业务缺少协同性。除了部门独立性原因外,中国保险公司普遍缺少兼顾资产和负债端的协同部门以及相应的专业化管理,这体现在精算与投资的分离。而在国外则有专业的投资精算师,其作用是在兼顾保险公司负债端(险资收入)的同时更好服务规划资产端的多样化投资需求,即在考虑保险公司全局基础上有效把握各环节的风险。当前,我国保险公司缺少上述完善的风险控制和投资管理体系。

(3) 保险资金服务实体程度不够

当前我国保险资金规模较大,但是保险资金流向实体经济存在"堰塞湖"现象,难以找到与资金需求匹配的投资项目,主要有以下几个原因:

其一,投融资双方的资金价格分歧是对接不畅的主要原因。融资方愿意支付的利率难以覆盖保险资金成本,达不到保险资金投资需要,双方存在大约1%~2%的利率分歧,导致大量保险资金难以通过直接投资的方式对接实体经济,只能停留在金融体系内。其二,支持保险资金运用的外部配套政策还不到位。保险资金投资项目大多政策性和公益性较强,需要一定的贴息支持、财政补贴等专项扶持政策。其三,尽管近年PPP模式发展较快,但受行业监管限制以及相关法律法规等因素的影响,险资借助该渠道参与基础设施建设的典型模式还未成熟。这些都直接影响了保险资金服务实体经济的积极性。

(4) 保险资金投资有短期化倾向

随着保险业投资领域的不断放开,以及保费收入的持续高速增长所带来的盈利压力,保险公司加大一级、二级市场等股权类投资的比重似乎是一个必然趋势。一方面,证券市场价值投资理论与保险资金的投资管理理念具有较高契合度,有助于在分散风险的同时实现较高的投资回报率以及发展实体经济。另一方面,一些保险公司开始过分追逐收益率,并且利用其较大的资金优势操控股票市场价格,进而牟取暴利。

例如,一些激进的保险公司主打中短期理财类的万能保险作为"弯道超车"的机会,并将所获得的资金投入二级市场开展恶意炒作和短期牟利行为,不仅影响了企业正常的经营活动，也给整个金融体系带来不利影响。保险公司对一些知名大企业的疯狂举牌，反映出有些保险资金运用侧重于短期资本炒作以牟取巨额利益。尽管这种行为使得保险公司本身获利颇丰，但却极大扰乱了资本市场金融秩序以及伤害中小股民的利益，从而造成了总体上极大的负外部性。

3.4 保险资金服务实体经济的进程演进

3.4.1 保险资金服务实体经济的发展进程及不同阶段政策分析

改革开放以后，我国的保险业于1980年开始恢复经营，国内的保险资金运用也经历了从无到有，从不专业到专业运用的发展历程。2004年以来，保险资金的规模不断地扩大，保险资金的运用更加专业，监管体系也逐渐健全。具体来看，我国保险资金服务实体经济大概可以分为以下五个阶段。

(1) 1980～1984年：保险业复业伊始，投资范围仅限于银行存款

从1980年保险业恢复经营，对保险资金的用途就有着十分严格的限定。在1984年之前，保险资金只能投资银行存款，这段时期保险公司完全没有自主投资能力，对实体经济也没有任何直接影响。同时，当时保险业仍处于复业阶段，资金总量小，缺乏通过资金运用保值增值的理念。此外，在1979年《中国人民银行关于恢复保险业务和加强保险机构的通知》颁布后很长一段时间内，全国只有中国人民保险公司一家保险机构，在不存在竞争压力的情况下，几乎没有资金运用的需求。这一时期保险资金对实体经济的支持只能通过银行存款转化为银行贷款为实体经济提供间接融资。1985年国务院颁布了《保险企业管理暂行条例》，明确由人民银行对保险机构的设立、偿付能力、准备金和再担保等进行监管，但对保险资金运用没有相关的规定。

(2) 1984~1995年：监管缺位，保险资金投资乱象凸显

在1984年11月国务院批准中国人民保险公司《关于加快我国保险事业的报告》的通知中，确定了保险企业可以在扣除赔款、赔款准备金、费用开支和各自应缴纳的税金后，自行运用余下的保险资金，但是投资的范围依然有所限制，主要还是在一些风险低收益低的投资领域。但是，在二十世纪八十年代末九十年代初，经济运行出现过热态势，利率走高，在高利率诱惑下，保险公司投资热情高涨，投资领域十分广泛，不仅包括信托、证券、信贷、拆借、担保等金融领域，也包括实体经济领域。由于缺乏相应的投资经验和制度约束，保险公司内控制度缺乏，许多乱投资行为成为腐败的温床，特别是对实体经济的投资，案件频发。乱投资行为在全国绝大多数省市均有发生，投资主体包括自总公司以下的各级机构，甚至县级机构。在中央政府治理整顿、宏观调控等紧缩政策实施之后，保险资金的诸多投资项目收益骤降，损失严重。

(3) 1995~2004年：监管加强，保险资金投资领域被限制

鉴于保险资金乱投资的惨痛教训，1995年《保险法》颁布实施，取代了《保险企业管理暂行条例》，明确规定"保险公司的资金运用，限于在银行存款、买卖政府债券、金融债券和国务院规定的其他资金运用形式。保险公司的资金不得用于设立证券经营机构和向企业投资"，对保险资金投资行为进行了严格限制，对保险投资放任不管的时代彻底结束。1998年，原中国保监会成立，正式确立了人民银行宏观监管、原保监会微观监管的新型保险业监管体系。原中国保监会依据法律法规统一监督管理保险业市场，维护保险业市场的稳定和发展，对保险资金也有了更细化的监管。在1999年10月，国务院批准保险公司可以使用保险资金投资证券投资基金，这意味着保险资金可以间接的进入股票市场，保险资金的运用也有了实质性的进展。2002年，新《保险法》的修订又继续放开了保险资金的投资领域，允许保险资金可以投资保险企业。同时出台了补充性的政策性文件，为保险资金进入股市做好了准备。这段期间，虽然保险资金对实体经济的支持还没有显著的变化，但是政策层面已经为拓宽保险资金的使用范围做好了准备。

表 3-1　　　　　　　　　1995~2004 年保险业监管主要事件

时间	事件	内容
1995 年 6 月	《保险法》颁布	规定"保险公司的资金运用,限于在银行存款、买卖政府债券、金融债券和国务院规定的其他资金运用形式。保险公司的资金不得用于设立证券经营机构和向企业投资"
1998 年 11 月	原中国保监会成立	正式确立了人民银行宏观监管、原保监会微观监管的新型保险业监管体系
1999 年 10 月	《保险公司投资证券投资基金管理暂行办法》印发	保险公司可以开办投资证券投资基金业务
2002 年 2 月	《中华人民共和国外资保险公司管理条例》实施	规定了外资保险公司的设立形式、设立条件和审批程序,外资保险公司的业务范围、外资保险公司的监督管理、外资保险公司的终止与市场退出、外资保险公司违法行为的法律责任等,中国保险业正式对外开放
2002 年 10 月	《保险法》修订	放开了保险资金的投资领域,允许保险资金可以投资保险企业

数据来源:中诚信根据公开资料整理。

(4) 2004~2016 年:政策逐渐放开,保险资金服务实体经济路径不断拓宽

2004 年,原中国保监会发布了《保险资产管理公司管理暂行规定》,标志着我国的保险资管行业进入了规范化、专业化、健康化的发展阶段。2006年 3 月,原中国保监会允许保险资金可以间接投资基础设施项目,保险资金自此对实体经济的投资进入了新的阶段,服务的针对性更为明确。2009 年颁布的新《保险法》更是大幅放宽了保险资金投资渠道,保险资金投资实体经济路径不断拓宽。2010 年《保险资金运用管理暂行办法》颁布实施,作为保险资金运用领域的一个纲领性文件,对保险业服务实体经济产生了重大而深远的影响。此后几年出台的一系列政策,基本上遵循持续拓宽保险资金服务实体经济路径的思路发展。

2012 年中,原中国保监会推出了 13 项保险投资新政征求意见,并在此后发布了多项保险资金投资实体经济的政策。《关于保险资金投资股权和不动产有关问题的通知》扩大了保险资金直接投资股权的范围,新加入了能源企业、资源企业、和与保险业务相关的现代农业企业、新型商贸流通企业的

保险资金服务实体经济：国际经验与路径选择

股权投资。同时继续提高了投资未上市企业股权、股权投资基金等相关金融产品的比例。《基础设施债权投资计划管理暂行规定》放宽了对基础设施债权投资计划的范围、降低了债权投资主体的要求，使得保险资金可投资的基础设施项目的范围进一步扩大。

在 2014 年初，原中国保监会发布了《关于加强和改进保险资金运用比例监管的通知》，该通知整合了不同类型的资产，设立了大类资产管理比例。其中，权益类资产主要包括股票、股票型基金、混合型基金等上市权益类资产，以及未上市企业股权、股权投资基金等未上市权益类资产；不动产类资产主要包括基础设施投资计划、不动产及不动产投资相关金融产品，以及房地产信托投资基金（REITs）等境外品种。《通知》规定，权益类资产、不动产类资产、其他金融资产、境外投资的账面余额，分别不高于保险公司上季末总资产的 30%、30%、20%、15%，而流动性资产无总量控制。这就给了保险资管公司更大的投资空间。

2015 年 6 月，国务院《关于大力推进大众创业万众创新若干政策措施的意见》，支持保险资金参与创业创新，此后连续出台了三个文件，为保险资金进入创新产业提供了指导和建议。2015 年 10 月，国家发改委与原保监会联合发布《关于保险业支持重大工程建设有关事项的指导意见》指出，鼓励保险资金购买重大工程建设主体发行的各类债券；允许专业保险资管机构发起设立相关私募基金，参与政府出资发起的各类基金；进一步拓宽保险资金投资基础设施项目和非重大股权的行业范围；对重大工程建设投资的方式进行创新。同时在保险服务上也要给于保障支持，多角度、全方位为重大工程建设项目进行支持。之后，原保监会又陆续发布了《保险资金间接投资基础设施项目管理办法》《关于保险业服务"一带一路"建设的指导意见》《关于保险业支持实体经济发展的指导意见》《关于保险资金投资政府和社会资本合作项目有关事项的通知》《关于债权投资计划投资重大工程有关事项的通知》等，进一步强调了要建立完善的实体经济保障体系，保险资金要积极支持服务供给侧改革、"一带一路"建设、区域发展战略等。2016 年，原保监会发布了《关于修改〈保险资金运用管理暂行办法〉的决定（征求意见稿）》，该征求意见稿对保险资金的运用范围作了进一步更改，对保险资金运用限制进行松绑，鼓励保险资金支持实体经济（见表 3－2）。

表 3－2　2010 年以来颁布的有关拓宽保险资金投资实体经济渠道的文件

时间	相关法规	有关保险资金投资实体经济的规定
2010 年 8 月	《保险资金运用管理办法》	细化了保险资金的投资渠道，提高了保险资金对未上市股权、产业基金、不动产和债权投资计划的比例
2012 年 7 月	《关于保险资金投资股权和不动产有关问题的通知》	扩大了保险资金直接投资股权的范围，新加入了能源企业、资源企业、和与保险业务相关的现代农业企业、新型商贸流通企业的股权投资。同时继续提高了投资未上市企业股权、股权投资基金等相关金融产品的比例
2012 年 10 月	《基础设施债权投资计划管理暂行规定》	放宽了对基础设施债权投资计划的范围、降低了债权投资主体的要求，进一步扩大了保险资金可投资的基础设施项目的范围
2014 年 4 月	《保险资金运用管理办法》修订	对十六条做出修改，优化了保险资金投资的比例，赋予了保险资产管理公司更加灵活的投资手段
2014 年 8 月	《国务院关于加快发展现代保险服务业的若干意见》	鼓励保险资金利用债权投资计划、股权投资计划等方式，支持重大基础设施、棚户区改造、城镇化建设及民生工程和国家重大工程；鼓励保险公司通过投资企业股权、债权、基金、资产支持计划等多种形式，为科技型企业、小微企业、战略性新兴产业等发展提供资金支持；研究制定保险资金投资创业投资基金相关政策
2015 年 6 月	国务院《关于大力推进大众创业万众创新若干政策措施的意见》	支持保险资金参与创业创新，发展相互保险等新业务；进一步降低商业保险资金进入创业投资的门槛
2015 年 10 月	《关于保险业支持重大工程建设有关事项的指导意见》	进一步拓宽保险资金投资基础设施项目和非重大股权的行业范围；对重大工程建设投资的方式进行创新
2015 年 12 月	《关于保险资金投资创业投资基金有关事项的通知》	明确保险资金可以投资创业投资基金

数据来源：中诚信根据公开资料整理。

（5）2016 年下半年以来，强监管推动保险资金加大服务实体经济力度

宏观调控重心转向防风险，保险业监管持续趋严，监管文件频频出台。2016 年下半年以来，随着宏观调控重心转向防风险，中央高规格会议多次强调"守住不发生系统性金融风险的底线"，对金融业要回归本源服务实体经济提出了明确要求。2016 年 5 月，原保监会下发《关于清理规范保险资产管理公司通道类业务有关事项的通知》，全面开展保险资产管理公司银行存款通道等业务的清理规

范工作；同时，为规范万能险业务发展，落实"保险业姓保"的政策理念，原保监会密集出台了规范中短存续期产品、完善人身保险产品精算制度、强化人身保险产品监管等多项规定，对万能险的规模、账户管理、保障水平、结算利率等进行了完善和规范。2017年以来，原保监会陆续出台了《关于进一步加强保险监管 维护保险业稳定健康发展的通知》《关于进一步加强保险业风险防控工作的通知》《关于强化保险监管 打击违法违规行为 整治市场乱象的通知》《关于保险业支持实体经济发展的指导意见》《关于弥补监管短板构建严密有效保险监管体系的通知》等系列文件（简称"1+4"系列文件），明确了强监管、治乱象、补短板、防风险、服务实体经济的目标。

出台文件同时，监管部门对保险公司违规经营的监督检查和处罚力度都有所加大。2017年上半年，原保监会系统共对306家保险机构和447人实施行政处罚，其中罚款6 369万元，处罚机构家数、人数及罚款金额同比分别增长31%、18%和21%。这一系列检查和处罚引发了市场对于保险业强监管的进一步关注。

资管产品统一监管将对保险资金服务实体经济产生深远影响。2017年11月17日，中国人民银行会同原中国银监会、中国证监会、原中国保监会、国家外汇管理局等部门发布了《关于规范金融机构资产管理业务的指导意见（征求意见稿）》，资管行业即将迎来统一监管。指导意见提出，要明确资管业务的基本原则，禁止期限错配；在资产管理业务的投资原则上，强调要坚持服务实体经济作为资产管理业务的根本目标，实施中既应该充分发挥资产管理业务的基本功能，切实服务于实体经济的投融资需求，又应该对资产管理业务进行严格的规范引导，防止资产管理产品过于复杂，从而避免资金在金融体系内部空转未流向实体经济，加剧风险的跨行业、跨市场、跨区域传递。作为资管行业的重要参与者，在"大资管"和统一监管趋势下，回归保险保障、服务实体经济将成为保险资产管理业务的发展方向和重点。

强监管同时，进一步拓宽保险资金服务实体经济渠道。2016年7月出台《保险资金间接投资基础设施项目管理办法》，将保险资金对基础设施投资范围拓展为一切基础设施项目，并明确保险资金可投资PPP项目。2017年4月出台《关于保险业服务"一带一路"建设的指导意见》，明确支持保险资金通过债权、股权、股债结合、股权投资计划、资产支持计划和私募基金等多种方式投资"一带一路"重大投资项目，保险资金投资渠道进一步拓宽（见表3-3）。

表 3 – 3　　　　2016 年下半年以来出台的保险资金运用相关政策一览

发文日期	文件名称	文件要点
2016 年 5 月	《关于清理规范保险资产管理公司通道类业务有关事项的通知》	要求各保险资管公司清理规范银行存款通道等业务
2016 年 7 月	《保险资金间接投资基础设施项目管理办法》	拓展投资项目为一切基础设施项目，明确保险资金可投资 PPP 项目，放宽拟投项目条件
2016 年 9 月	《关于进一步完善人身保险精算制度有关事项的通知》	将人身保险产品主要年龄段的死亡保险金额比例要求由 120% 提升至 160%；将万能保险责任准备金评估利率上限下调 0.5 个百分点至 3%，高于评估利率上限的人身保险产品报送审批
2017 年 1 月	《保险公司合规管理办法》	进一步完善保险公司合规管理制度，提高保险合规监管工作的科学性和有效性
2017 年 1 月	《关于进一步加强保险资金股票投资监管有关事项的通知》	保险机构开展一般股票投资，上季末综合偿付能力充足率应当不低于 100%；开展重大股票投资和上市公司收购的，上季末综合偿付能力充足率应当不低于 150%；保险机构收购上市公司，应当使用自有资金
2017 年 4 月	《关于强化保险监管打击违法违规行为　整治市场乱象的通知》	整治虚假出资、公司治理乱象、资金运用乱象、产品不当创新、销售误导、理赔难、违规套取费用、数据造假等八方面乱象
2017 年 4 月	《关于保险业服务"一带一路"建设的指导意见》	支持保险资金在依法合规、风险可控的前提下通过债权、股权、股债结合、股权投资计划、资产支持计划和私募基金等方式，直接或间接投资"一带一路"重大投资项目
2017 年 5 月	《关于弥补监管短板构建严密有效保险监管体系的通知》（保监发〔2017〕44 号）	提出"严格保险资金运用监管""夯实保险产品管理制度"，修订保险中介市场监管规定
2017 年 5 月	《关于保险资金投资政府和社会资本合作项目有关事项的通知》	为保险资金参与 PPP 项目投资提供了有效的方法，解决了 PPP 项目公司融资难的瓶颈制约，推动支持了 PPP 项目
2017 年 5 月	《关于开展保险资金运用风险排查专项整治工作的通知》（保监资金〔2017〕128 号）	重点排查合规风险、监管套利、利益输送、资产质量、资产负债错配等内容
2017 年 5 月	《关于债权投资计划投资重大工程有关事项的通知》	支持保险资金通过债权投资计划形式投资重大工程，在增信环节、注册效率等方面予以政策倾斜
2017 年 5 月	《关于上市公司股东、董监高减持股份的若干规定》（证监会〔2017〕9 号）	明确"大股东和董监高减持，90 天内集中竞价减持不超 1%；大宗交易减持不超 2%；离职半年内不准减持，每年不超过 25%；减持前后需公告"

续表

发文日期	文件名称	文件要点
2017年6月	《关于开展偿付能力数据真实性自查工作的通知》（保监财会〔2017〕143号）	要求各保险公司开展偿付能力数据真实性自查工作，自查范围为2016年四个季度的偿付能力报告和2017年第一季度偿付能力报告中所确定的资产、准备金等方面的内容
2017年6月	《关于进一步加强保险公司开业验收工作的通知》（保监发〔2017〕51号）	加强保险公司筹建落实情况审查；加强股东资质核查；增加面谈考核，强化责任落实；完善验收标准，强化长效监管
2017年6月	《关于进一步加强保险公司关联交易管理有关事项的通知》（保监发〔2017〕52号）	进一步加强保险公司关联交易监管，防范不正当利益输送风险，维护保险公司和保险消费者利益
2017年7月	《关于印发〈信用保证保险业务监管暂行办法〉的通知》	经营信保业务的保险公司，上一季度核心偿付能力充足率应当不低于75%，且综合偿付能力充足率不低于150%；保险公司承保的信保业务自留责任余额不得超过上一季度末净资产的10倍

数据来源：中国银保监会。

3.4.2 我国保险资金服务实体经济的现状

保险资金投资规模快速增长。随着保险业的快速发展，保险资金运用规模近年来取得了快速增长，最近三年保险资金运用规模的增速更是保持在20%左右。截至2017年10月末，保险资金运用规模已经达到14.7万亿元。其中，银行存款规模总体较为稳定，投资规模则快速增长，截至2017年10月底已经达到12.78万亿元，占保险资金运用总规模的85%以上（见图3-10）。

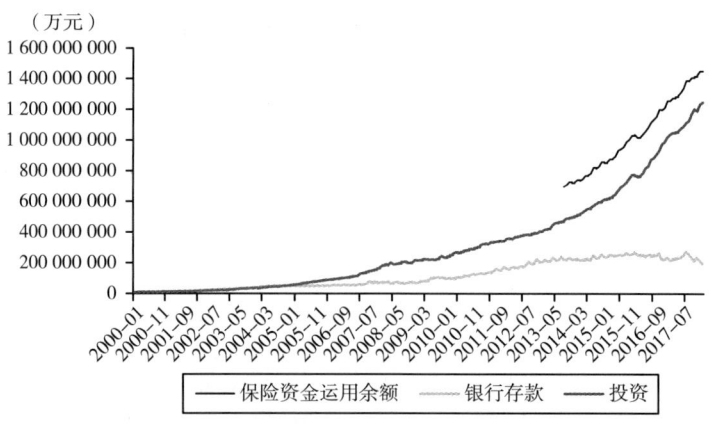

图3-10 保险资金运用规模快速增长

数据来源：中国银保监会。

从服务实体经济方式看,以另类投资为主的其他投资占比迅速提升。在 20 世纪 80 年代我国保险业恢复营业初期,以银行存款的形式进行间接投资曾是保险资金服务实体经济的唯一渠道。但是,随着监管对保险资金投资渠道的逐步放开,特别是 2004 年原保监会发布《保险资产管理公司管理暂行规定》,在我国保险业进入规范化、专业化、健康化的发展阶段以来,保险资金对实体经济的投资进入了新的阶段,投资渠道不断拓宽,投资方式日趋多元化,包含股权计划、债权计划、不动产投资等另类投资在内其他投资占比不断扩大,银行存款占比持续下滑。2016 年 6 月,其他投资规模首次超过债券投资,达到 4.3 万亿元。2017 年以来,其他投资占比继续扩大。截至 2017 年 10 月,其他投资占比已经达到 38.52%,银行存款占比滑落至 13.1%,比 2016 年底的 18.55% 回落 5.45 个百分点。同时,从保险资产管理行业注册数据看,近年来各类基础设施投资计划、不动产投资计划、股权投资计划均保持了快速增长态势。以股权投资计划为例,2015 年注册股权投资计划仅为 5 项,涉及资金规模 465 亿元,2016 年达到 18 项,涉及资金 695 亿元,而 2017 年上半年已经达到 11 项,涉及资金规模 488.5 亿元(见图 3-11)。

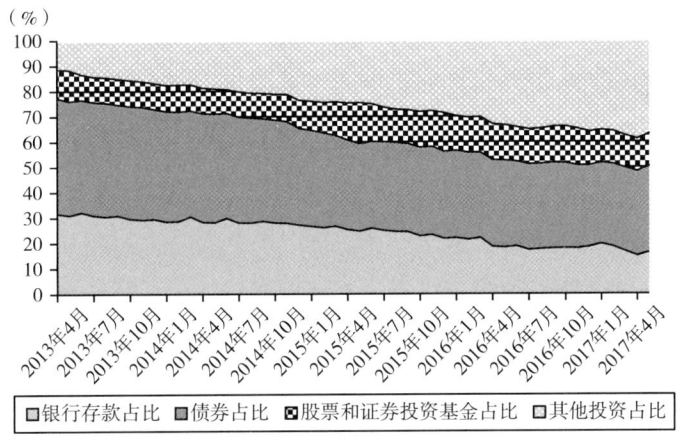

图 3-11 其他投资占比不断扩大

数据来源:中国银保监会。

保险资金对实体经济不同领域的投资增长显著。从中国保险资产管理业协会披露的数据来看,自从 2013 年 9 月"一带一路"首次提出到 2017 年 3 月底,保险资金投入到"一带一路"相关项目 6 260.04 亿元;自 2013 年 7 月国务院提出棚户区改造项目至 2017 年 3 月份,保险资金的债权投资计划共投资 1 041.06 亿元；2014年9月份长江经济带规划出台至2017年3月底，保险资金债权投资计划共投资1 844.08亿元；自2015年京津冀协同发展规划纲领通过到2017年底，保险资金债权投资计划共投入903.42亿元。

保险资产管理公司在政策颁布前后都迅速做出应对。2015年6月，国务院发布《关于大力推进大众创业万众创新若干政策措施的意见》，支持保险资金参与创业创新。2016年9月，国务院印发了《关于促进创业投资持续健康发展的若干意见》，鼓励保险资产管理机构等机构投资者投资创业投资企业和创业投资母基金。2015年6月份合源资本管理有限公司完成了保险业首支中小微企业私募股权基金，首期规模5.51亿元人民币，该基金主要投资于健康医疗、互联网信息、文化传媒、高端制造、消费升级、金融服务等行业的中小微企业股权。阳光资管也发起设立了阳光金融汇医疗健康产业成长基金，该基金规模50亿元，首期募资30亿元，主要投资于医疗健康产业链中成长期企业股权。2016年原保监会出台《保险资金间接投资基础设施项目管理办法》后不久，太平保险投资1.5亿元人民币于呼和浩特市轨道交通1号线一期工程PPP项目，紧接着中国人寿旗下资管中标了青岛市地铁4号线PPP项目和宁波"五路四桥"存量转型PPP项目。2017年4月，中国人寿和中国交建合作设立了国寿中交城市发展投资基金，其规模达到了800亿元，是国寿投资规模最大的基础设施基金项目。其首个项目益阳项目出资51.1亿元，这个项目也是中国人寿与央企建设运营公司最大的一单投资基金。

保险资金投资于实体经济，一方面可以有效提高保险资金的运用效率，另一方面可以有效降低实体经济运行过程中企业的融资成本。保险资金在投资过程中应加大服务于实体经济的力度，将长期投资投向实体经济，有效发挥自身融通资金的作用，改善目前实体经济运行过程中许多企业面临的融资难融资贵的问题，真正为我国经济社会的长足健康发展贡献力量。

3.4.3 我国保险资金服务实体经济的特征

从保险资金来源上看，我国的保险资金规模将会保持继续扩大态势，其投入实体经济的规模也将扩大。改革开放以来，我国GDP长期保持在10%以上的增长，虽然随着近年来进入经济增长平台下移、结构调整、发展转型"三期叠加"的新常态，GDP 增速有所放缓，但依然保持在 6.5%～7% 的中高速区间。持续稳定的经济增长为保险业发展提供了良好的宏观经济环境。与此同时，我国已成为当今世界老年人口最多、老龄化问题较为突出的国家，2016 年我国 60 周岁及以上人口 2.3 亿人，占总人口的 16.7%，预计到 2053 年我国 60 岁及以上老年人口将达到 4.87 亿人的峰值，占总人口的 34.9%，老龄化问题凸显为保险业发展提供了难得机遇。在此背景下，我国保险业发展依然有着广阔前景，保险收入仍将保持较快增长，这是其他国家保险业所不具有的优势。根据瑞再披露的数据显示，近些年，中国保费的增长是全球保费收入增长的主要推动力，2016 年中国对全球寿险保费的增长贡献高达 96%，而且保持强劲的增长态势。如何把这些巨额的资金应用到我们的经济之中，成为我国的经济发展的助力，也是需要研究和考虑的重要课题。

从保险资金的方向上来看，我国保险资金更偏向于长期投资。我国的保险业发展较晚，而且业务发展过于偏向于寿险业务，所以我国保险业寿险的比例较高，非寿险业务发展相对较慢。因此，保险资金的投资可以更偏向于长期投资。"一带一路"走出去的倡议、棚户区改造项目、长江经济带规划、京津冀协同发展规划以及 PPP 项目等涉及许多基建投资，这些投资面临着投资期限长，投资成本高，收益率稳定的特点，刚好与保险资金的主要承保周期契合。

从保险资金投资结构上来看，保险资金对实体经济的支持方式日趋多样化。过去，我国的保险资金主要投资渠道是以银行存款为主，收益稳定，风险很小，但是收益率非常低。保险机构通过将银行存款转化为银行的贷款的方式，对实体经济进行间接融资，其中，大多数存款为长期协议存款和定期存款，为银行中长期贷款提供有力的支持。2004 年我国保险资金中银行存款为 5 071 亿元，占比为 47.05%。虽然银行存款总额每年都在增加，但是占比一直在缩减。2016 年底，银行存款为 24 844.31 亿元，占比仅为 18.55%。购买债券和股票以及另类投资等其他投资方式占比不断增大。现阶段，保险资金投资主要以固定收益类资产为主，但传统的债券类资产占比有所下降；对于股票和证券投资基金等权益类资产，保险资金的投资比例有所上升；随着基建投资计划、不动产投资计划以及资产支持计划等工具的不断发展，另类投资逐渐成为保险资金资产配置的首要资产。通过另类投资计划，保险资金为我国的"一带一路"建设、京津冀协同发展等项目的推进提供了有力的资金支持，为经济社会的发展做出了重要贡献（见图3-12）。

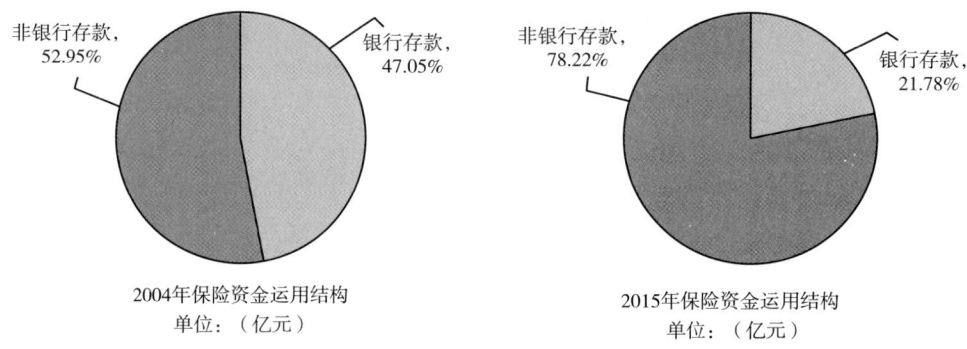

图3-12 保险资金运用结构对比（2004年和2015年的比较）
数据来源：中国银保监会。

保险资金投资结构不断优化。随着2015年起鼓励保险支持服务实体经济发展的各类政策陆续颁布，以及PPP、私募基金等新投资渠道的开闸，以债权、股权投资计划等非标资产为代表的其他投资在保险业资金余额中的比例迅猛上升，而传统的银行存款和债券投资规模则相应显著下降。

从图3-13可以看出，2012年，银行存款、债券、证券投资和其他投资占保险投资比例分别为34.16%、44.67%、11.8%、9.37%；而截至2017年8月，上述四种资产的投资比例分别为13.56%、34.84%、12.99%、38.61%。其中，银行存款和债券投资比例分别大幅下降20%和10%，相应其他投资比例则上升近30%，占比呈显著趋势性提升并已成为保险行业的最大配置单元。这充分表明在政策的支持下，保险公司不断调整并将资金配置到久期较长、安全性较高、内含报酬率超出银行存款和国债的实体项目中。

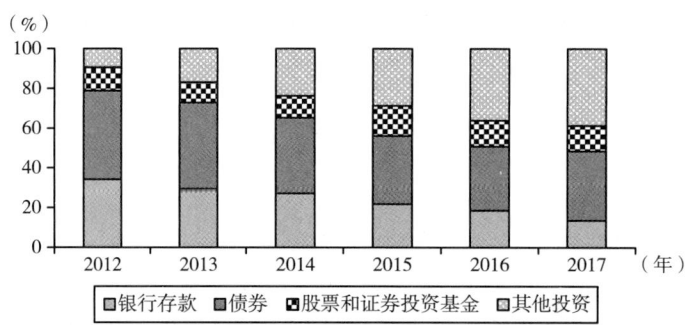

图3-13 2012~2017年保险资金投资比例（截至2017年8月）
数据来源：中国银保监会，新闻整理。

从其他投资资金规模变化来看,其他投资规模从 2014 年下半年起开始迅速增加,在一年多时间内资产增速均超过了 50%。需引起注意的是,2016 年 7 月起其他投资的同比增速开始明显下降,但截至 2017 年 8 月仍能保持在 25% 以上,这或表明其他投资在所有资产中的配置比例已达到相当规模,而出于流动性管理考虑,险资对于银行存款和国债等高流动性、低风险资产的配置下降空间已相当有限。未来,其他投资的配置比例或很难有更大的上升空间,但随着保险业的进一步发展,其绝对值仍有较大潜力(见图 3-14)。

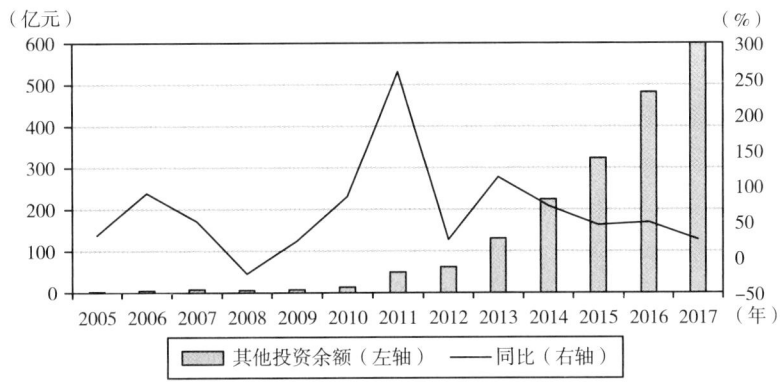

图 3-14 保险资金其他投资余额及同比变化

数据来源:中国银保监会,新闻整理。

保险资金收益率波动性变大。从图 3-15 可知,险资的整体年化收益率呈现较大的波动特征,背后原因或与中国股市的景气程度相关。2007 年时中国股市正处于大牛市的尾端,因此保险年化收益率达到近年最高点 12.17%。之后受金融危机影响,2008 年年化收益率直线回落到 3.38%,并开始了一轮窄幅波动。在经历了 2012 年证券投资部分高达 8.21% 的亏损引发的整体年化收益率达到近年次低点的 3.39% 之后,险资收益率又开始新一轮上升,并在 2014 年、2015 年牛市的带动下达到了近年次高点 7.56%,但从 2016 年初又开始回落。

总体来看,近十年险资的年化收益率仅为 5.84%,在国际上仍处于相当低的水平,这不仅影响了保险产品对于公众机构的吸引力,同时也导致保险公司损失了相当多的经济效益。因此,在保险业服务实体经济发展的大背景下,如何通过引入具有极强技术能力的专业投资和风险管理人才,以更好帮助筛选投资标的并提高且形成较为稳定的年化投资收益率,将是整个保险行业向现代保险业建设迈进过程中需要重视并解决的一大任务。

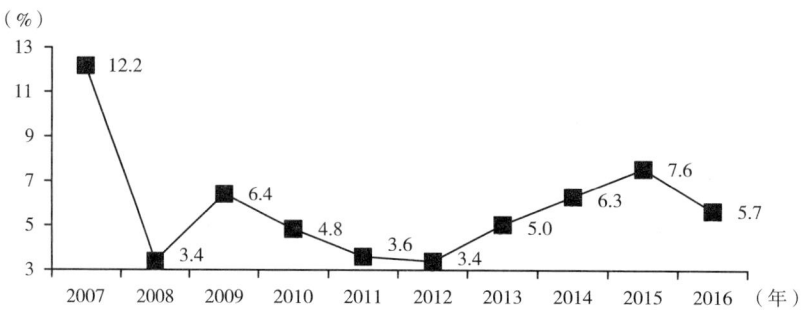

图 3-15 2007~2016 年保险资金运用平均年化收益率

数据来源：中国银保监会、Wind 资讯。

保险资金投资效率有待提升。在保险资产配置比例不断优化、与实体经济融合程度加深的同时，保险资金的投资有效性问题也越发引起行业的重视。从 2014 年以来保险公司净资产总额变化情况来看，尽管整体规模仍在扩大，但在经历了 2014~2015 年中旬的快速上升期后，净资产同比增速已从 65% 回落到如今略超 5%，反映出在业务规模不断扩大的同时，保险业整体的盈利能力却处于下行通道中。造成上述现象的原因既可能来源于保险赔付额度的超额上升，亦有可能是保险资金投资收益率的下降导致的（见图 3-16）。

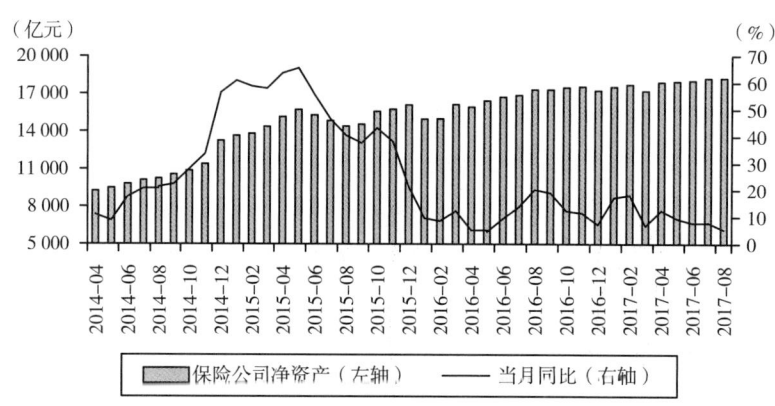

图 3-16 保险公司净资产总额和同比变化

数据来源：中国银保监会、Wind 资讯。

3.5 保险资金服务实体经济的风险与问题

3.5.1 宏观经济底部运行,信用风险加剧

2013年以来,中国宏观经济持续底部运行,2017年虽然在世界经济弱复苏、供给侧改革的推动下,中国经济呈现出趋稳向好势头,各类宏观经济指标有所改善,经济从持续下行期步入缓中趋稳的调整期,但由于世界经济复苏的并不稳固,外部环境的改善有限,主导中国经济周期的核心力量并没有改变,市场性增长力量不足,中国经济并未迎来新周期,预计2018年中国经济仍将底部运行(见图3-17)。

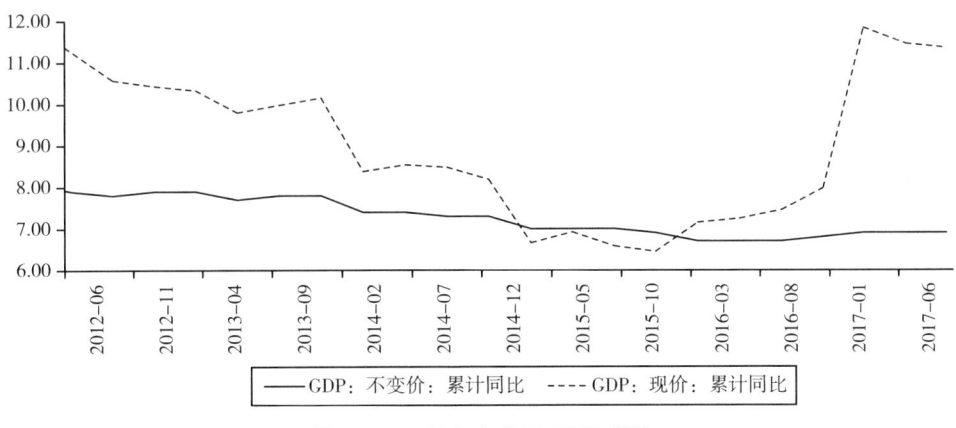

图3-17 近年来我国GDP增速

数据来源:中诚信国际整理。

宏观经济持续底部运行加大了保险资金投资的风险。一方面,保险业务结构多为投资性产品,保障性产品较少,宏观经济下行收益率较低,难以覆盖成本。由于经济底部运行,优质资产稀缺,作为债券市场的机构投资者,在宏观经济底部运行、债市收益率普遍下降的背景下,保险公司不得不提升风险偏好,投向高风险资产,加大对于信用类资产的投资,比如增加低信用等级债券,增加股票投资,增加不动产、基础设施、信托等另类投资,导致风险敞口上升。另一方面,受经济周期影响,债券违约进入多发期且呈常态化趋势。随着2014年"11超日

债"未按期付息打开了信用债违约的先河,随后的几年里债券违约事件频繁发生。而保险资金债券投资市场渗透率较高,债券违约频发导致保险资金信用风险明显上升。许多公司债的发行主体均来自钢铁、煤炭等产能过剩的行业,受供给侧改革压力较大,债券违约日渐频繁,债券市场违约事件对保险公司控制投资风险构成巨大挑战。2017年仍是去产能、调结构的重要时期,虽然债券违约较少,但是仍然需要警惕企业信用风险的进一步释放,保险资金投资风险依然不容小视。据统计,我国保险资金对于信用类资产的配置比例高达80%左右,债券违约对于保险资金的打击很大。以"10中钢债"违约为例,在这一事件中,共涉及6家保险公司,投资总额达6.1亿元,未来保险投资的信用风险将更为突出。

3.5.2 实体经济收益率较低,部分保险资金仅在金融体系内流转

随着我国潜在经济增长平台的下移,实体经济投资回报率低位徘徊。从行业来看,工业企业主营业务收入利润率长期以来持续处于6%左右的较低水平;从项目来看,部分地方政府推出的PPP项目中,收益较高的项目也仅在8%左右,收益率低的项目仅有3%~5%。实体经济较低的投资收益率难以满足保险资金的投资需求,为了寻求高收益,一些保险资金通过多层嵌套、层层加杠杆,在金融体系内部滞留环节过长,有些保险资金甚至只是通过买卖金融产品在金融体系内部流转,并未流向实体经济(见图3-18)。

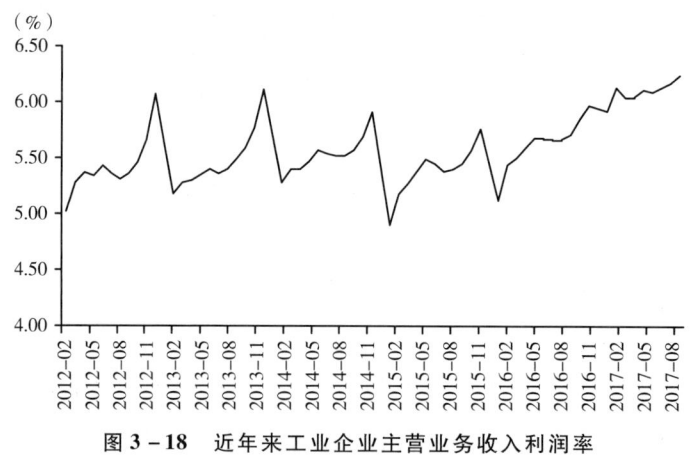

图 3-18 近年来工业企业主营业务收入利润率

数据来源:中诚信根据公开资料整理。

3.5.3 实体"资产荒"制约了险资投资积极性

对保险资金而言,"资产荒"包含两个方面:一是项目质量和吸引力不足。如一些基础设施项目、PPP项目预期收益率偏低,部分高收益的地方项目存在地方政府过度干预等隐忧,创新创业型企业股权投资风险过高,多种因素导致保险资金在投资一些基础设施项目、PPP项目或创投基金时"缩手缩脚",难以调动保险资金的积极性。二是与保险资金负债期限相匹配的资产稀缺。从当前保险资金负债结构来看,80%为寿险资金,财险资金为20%左右。其中,寿险保险期限较长,适合投资期限较长的长期投资和不动产投资;财险产品运行期限短,大多数险种的保障期限为一年,适合投资期限短的投资品种。但在当前我国宏观经济底部运行背景下,实体经济回报率偏低,能覆盖寿险成本的中、长期投资项目和品种缺乏,导致寿险不得不投资短期险的投资品种,存在"长期短配"现象。与此同时,财险品种由于其负债成本较高,为了覆盖成本,一些保险公司将其投资于长期股权、不动产等收益较高的产品,导致"短期长配"。"长期短配"现象的存在,一方面难以发挥保险尤其是寿险资金期限长的优点,削弱了保险资金服务实体经济的能力。而当短期资金投资于变现能力差的长期资产时,一旦出现集中偿付、集中退保等突发事件,保险公司将面临较大的流动性风险。尤其是近年来保险公司为吸引投资,推出了一系列向投资者承诺高收益的短期理财产品,这给保险公司带来了一定的成本压力和流动性要求。为了缓解高收益产品的成本压力,保险公司需要投资不动产等期限相对较长的资产来获取收益。持有这类资产尽管为保险公司带来了可观的收益,但是不动产投资期限长、变现能力差,这给保险公司带来了较大的流动性压力。2015年4季度是短期长配产品的销售高峰,且多投向不动产,当前随着产品陆续到期和房地产调控,兑付压力逐步显现。若不能创新投资方式,实现资金期限的合理分配,有效合理的控制流动性风险,一旦遇到突发事件,流动性风险极有可能导致较大的系统性风险,从而波及整个金融系统的稳定健康发展。

3.5.4 制度不健全加大了保险资金服务实体经济的风险

首先,地方政府为了政绩导致对基建项目、PPP项目和重大工程建设项目的评价不客观,国内目前对这类项目没有准确的评估措施,地方政府的政绩需求要大于实际项目需求。在项目招标的过程中,一旦地方政府存在贪污腐败,互相串谋等现象,将有可能使项目的实际收益大打折扣。在项目交接的阶段,由于一些保险公司属于国有企业,缺乏相关的第三方监督评估机构不能有效地防止利益输送等问题。

其次,在保障方面,国家层面上需要制定相关的保障措施,对保险资金合规合法和风险范围内对实体经济的投资进行相应保障。特别对于"一带一路"相关基建投资项目,在国内的政策方面,保险机构要给予相应的保险保障;对于创新创业型企业,国家要针对不同类型的企业给予相应的优惠政策,支持这些企业在创新创业初期度过难关,同时也能降低保险资金的投资风险。

最后,我国对保险机构的监管依然有不完备之处。当前监管机构对保险资金的运用仅停留在信息披露的准确性和真实性,对后续投资风险和经营管理问题未进行有效的监督。例如,过去两年,在相关监管制度不完善的情况下,个别保险公司在投资实体经济过程中对上市公司进行股权投资时,不仅仅满足于财务投资,而是谋求对上市公司的控制权,造成部分上市公司出现股权之争、控制权发生转移等问题,导致上市公司出现了较大的经营风险,在侵害中小股东的权益的同时造成了市场上投资者的恐慌,进而让公司蒙受了重大亏损。在保险公司服务实体经济的过程中,监管机构应加强对这一现象的监管,出台相应监管法案,杜绝保险公司为谋求控制权而进行的投资,严格控制保险机构投资上市公司的投资比例,让保险资金健康稳定地服务于实体经济的发展。

3.5.5 保险公司投资能力、风险控制能力不足

保险资金的运用贴近国内外各个金融市场,对投资队伍要求很高,既要熟悉

保险市场，又要熟悉资本市场；既要熟悉虚拟经济，又要熟悉实体经济；既要熟悉国内金融市场运行，又要熟悉国际金融市场状况。但长期以来，我国保险公司资金存在"重负债端轻资产端，重来源轻运用"的问题，导致保险公司忽视发展专业投资队伍和专业风控团队，缺乏具有较高专业性、技术性的投资管理人才储备，以至于在服务实体经济时面临投资和风控人才较为缺乏的窘境。同时，我国保险公司资产管理数据积累不足，风控模型构建尚不完善，一些保险机构在2016年才开始研究违约率和违约损失率，风险处置手段较为单一，导致保险公司风险敞口大于银行、信托等金融机构。

| 第 4 章 |

我国金融业资金空转现象分析及对保险资金的警示

4.1 我国金融业资金空转的总体情况

4.1.1 经济金融化与资金空转

资金空转一般理解的意思是金融体系内的资金在不同金融市场、不同机构之间穿梭,在金融体系内部"虚投空转",没有流入实体经济。许多学者都认为资金空转现象与经济金融化有不可分割的关系。的确,我国金融企业自2000年以来取得了很大的进步,随之而生资金空转问题越来越被重视。

经济金融化的一个表现就是金融部门在GDP中的规模越来越大。考虑到我国金融体系是以银行业为主的间接融资体系,因此选取银行业为代表进行研究。我们选取了2003~2016年银行业资产占GDP比重的数据(见图4-1),可以发现,银行资产与GDP的比例在2005年左右最高约为234%,而2010年,这一比例迅速扩大到294%,目前已超过300%。

图4-1 金融资产与GDP的比值

数据来源:Wind资讯。

经济金融化的另一个表现就是金融部门利润占比非常高。假如以沪深股市作为中国经济环境的一个小缩影,可以发现,2007~2016年间,金融板块净利润近年来基本在全部A股净利润的一半左右,甚至在2015年达到59.16%(见图4-2)。

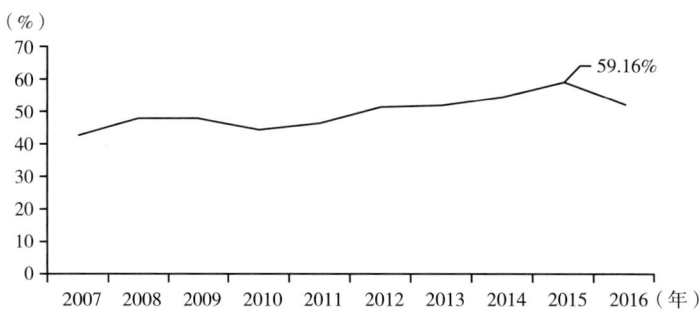

图 4-2 上市金融公司利润与全部上市公司利润的比值

数据来源：Wind 资讯。

从以上方面都可以看出，我国的经济金融化程度在近些年非常高，正是基于此，有学者认为我国经济的资金空转问题是很严重的。

4.1.2 货币与资金空转

有学者认为资金空转问题的根源在于货币政策的宽松，正是超发的货币，导致了投机者的逐利。的确如此，1996 年我国的 M2 规模才 7.5 万亿元左右，股市的规模也很小，即便股市换手率全球第一，对国内外经济的影响都不大。但截至 2017 年 11 月，我国的 M2 达到 167 万亿元，是 20 年前的 20 多倍，股票总市值也成为全球第二，但实体经济的增幅并没有那么大，这是导致货币泛滥的根本原因，最终结果资金空转现象突出。

4.1.3 税率与资金空转

虽然税率问题不是本书研究的内容，但是目前对于资金空转问题分析中，许多学者都提到税率问题。李若谷（2017）认为，2016 年末的中央经济工作会议特别强调解决"脱实向虚"的问题，就应该着力解决减少企业的税负问题，特别是高端制造业，实体经济、小微企业的问题一定要解决，否则中国经济真会遇到难题。

4.1.4　实体经济经营困难加剧了资金空转

与虚拟经济相比,实体经济往往投入成本较高、产出周期偏长、利润空间有限,当前,实体经济特别是中小型民营企业更是面临严峻挑战,生产经营往往处于微利、无利状态,有的甚至难以为继。有的学者认为,资金空转现象与实体企业经营困难密切相关,资金的逐利导致投向实体企业动力不足。另外,债市中的信用违约风险往往是实体企业经营状况恶化造成的。所以,资金空转、金融去杠杆等问题的根源还是实体经济的问题。从某种意义上讲,如果实体经济的扭曲发展尚未得到较好缓解,各种实体风险最终都会以金融形式外化地体现出来,包括产生资金空转问题。

比如,有报道称21世纪以来的十几年里很多企业都开始"脱实向虚","脱实向虚"的危害已初现端倪。中国沿海一些企业大量介入高利贷,一旦超过自身清偿能力,就选择"跑路",玩起"失踪"。据初步统计,截至2012年12月底,温州老板"跑路",企业关闭或停产的事件已达100多起。这种势头如不加以遏制,可能导致民间借贷市场崩盘,投入其中的资金难以收回,金融系统遭受损失。遏制经济过度由实业向金融投资业转化的脱实向虚趋势,是我国当前调控的一项重要任务。

4.1.5　资金空转得到初步遏制

近期认为我国经济资金空转问题已得到缓解的主要经济学者是高善文(2017)。他的研究中研究目标是以银行体系(包括影子银行)的负债方(M3)以及实体经济部门的负债方(称作广义社会融资)变化为入手点,定义并估算资金在实体部门和虚拟经济之间的流转情况。

之所以认为资金空转问题有所缓解的原因是,实体经济领域融资需求的恢复(PPP项目的推广,房地产投资的恢复,经济的企稳反弹等)和监管部门金融去杠杆的努力。前者导致实体经济资金需求的增加,后者导致影子银行信用创造的收缩。

同时,实体部门融资需求也企稳改善。在银行理财资金投向中,"非标"资产的占比也在2016年下半年稳定下来并有轻微的回升。此外,银行表内贷款的投放总体偏强,在全部表内贷款中的占比快速攀升。

4.2 我国资金存在空转现象的客观实际

4.2.1 我国资金空转表现的宏观体现

理论上,一个国家信用规模(货币总量)扩张的速度会跟随实体经济同步变化;如果一个经济体货币总量的扩张速度显著快于实体经济,则意味着货币并未有效推动"实体"部门的增长,而被一些"虚拟"资产所吸纳,呈现出"货币超发"的现象。图4-3显示,我国M2/GDP在2003年以前持续上升;2003~2008年趋于平稳甚至有所下降;2009年为应对国际金融危机的冲击,我国采取了"四万亿"的刺激计划,M2/GDP从2008年的1.58跳升至2009年的1.81,之后也一路走高,2016年末这一比值已达到2.08。与其他经济体相比,我国的M2/GDP也处于偏高的水平。图4-4显示,2016年末,在主要经济体中,我国大陆广义货币与GDP的比值仅次于日本和中国台湾地区,远高于欧美等发达地区以及巴西、印度等新兴经济体。

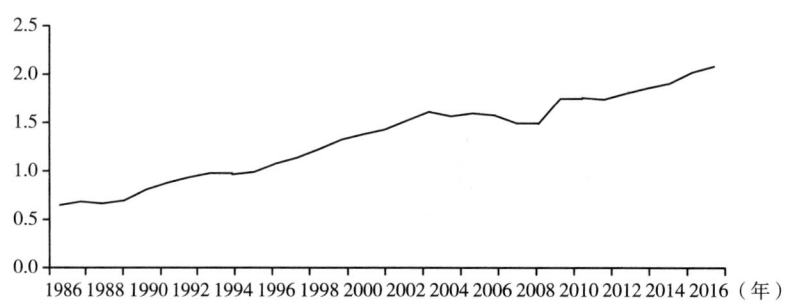

图4-3 中国M2/GDP变化

数据来源:Wind资讯、人保资产宏观与战略研究所。

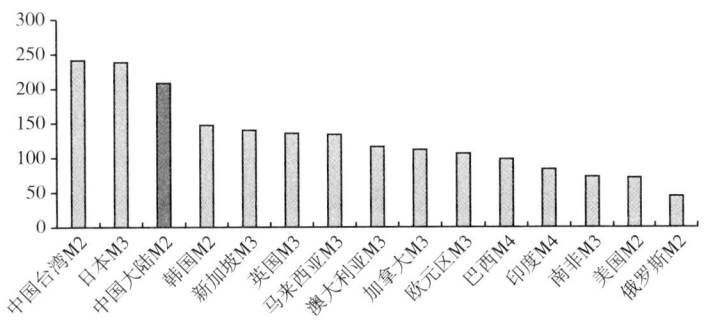

图 4-4 主要经济体广义货币/GDP 比较（2016 年）

数据来源：Wind 资讯、人保资产宏观与战略研究所。

诚然，随着金融市场和金融产品多元化的发展，并且由于社会融资体系和统计指标的差异，M2/GDP 已不具备理论上的严谨性[①]和国际的简单可比。但从纵向、横向对比的情况来看，我国货币供应总量相当于 GDP 比例相对偏高的事实不容否认，说明确实存在"货币超发"问题。从另一个角度看，"货币超发"可理解为资金配置效率的下降；与之相印证，我国单位社会融资增量带来的 GDP（GDP/社会融资规模增量）也由 2002 年的 6 下降至 2016 年的 4.2，同样表明信贷货币的加速增长并没有带来同步的经济增长。

4.2.2 从资金空转看资金流向的微观路径

既然存在"货币超发"，存在资金空转现象，那么"超发"货币究竟流向了哪里？从资金传导链条来看，在信用货币时代，货币资金的传导开始于中央银行；央行提供的基础货币，成为商业银行进行资产扩张的基础；通过贷款等渠道，信贷资金由商业银行流向实体经济部门（包括政府、居民及非金融企业）。实体经济部门在获得资金后，可进行产业资本或商业资本的投资以及消费，最终推动经济总量的扩大，也可以用来投资金融产品等"虚拟资本"以获得增值收益。沿着这样的资金传导链条，可见"超发"的货币如果没有流入实体经济，主要有两种流向：第一种是资金从金融体系流入实体经济部门以后，并没有用于当

---

① 中国人民银行《2017 年二季度货币政策执行报告》随着市场深化和金融创新影响货币供给的因素更加复杂，M_2 的可测性可控性以及与经济的相关性亦在下降。

期的消费和新建资产的投资,而是流向如房地产、金融市场等重视"虚拟资产"增值的领域;另一种表现形式就是在金融机构和金融市场间流转,形成空转。基于以上两种基本表现形式,空转资金的流向在我国主要表现在以下两方面。

(1) 大量资金流向房地产流域

2015 年以来,伴随新一轮地产刺激政策以及货币宽松周期的开启,信贷资金加速流入房地产领域。图 4-5 显示,新增房地产开发贷款和个人住房贷款占当期新增贷款的比重由 2012 年的 9% 低点大幅提高至 2016 年的 57%;图 4-6 显示,地产企业债券净融资额占非金融企业债券融资的比重也由 2013 年以前的 2% 左右大幅提高至 34%;此外,信托、委托贷款等表外融资渠道至少有四成流向了地产相关行业①。若将扣除股权融资后的社会融资规模作为实体经济从金融体系获得的信贷资源,则房地产占据的信贷比重由 2010 年的 20% 左右大幅提高至 45% 左右。

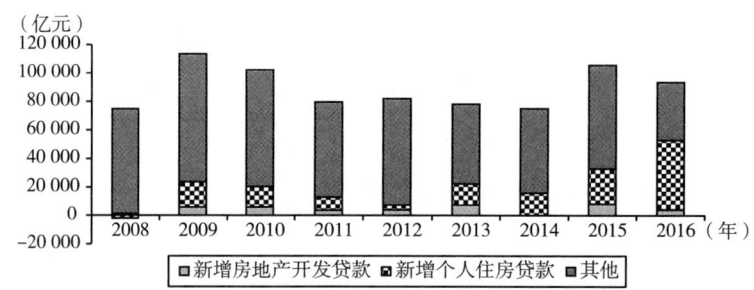

图 4-5 新增人民币贷款结构

数据来源:Wind 资讯、人保资产宏观与战略研究所。

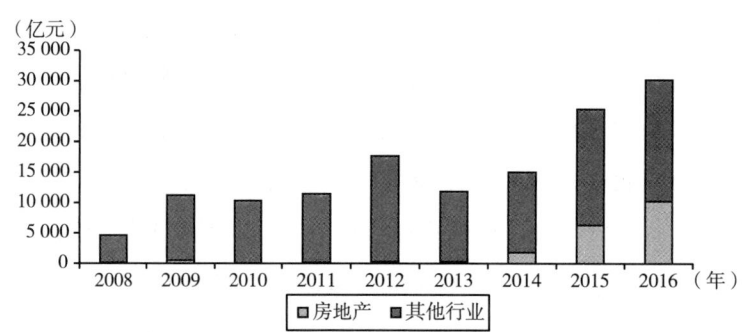

图 4-6 房地产和其他非金融企业债券净融资额对比

数据来源:Wind 资讯、人保资产宏观与战略研究所。

---

① 信托贷款流向房地产流域的资金规模按照信托资金投向占比进行推算;根据券商对上市公司公告进行的抽样调查,委托贷款中有一半投向房地产企业;以此推算表外融资中至少有四成流向房地产领域。

然而45%的比例仍然低估了房地产的"吸金"能力，至少在以下几个层面还没有完全反映：一是地方政府用于土地储备和一级开发的融资；二是企业或居民以其他用途申请的贷款但实际投入地产领域的资金，如居民使用消费贷、P2P支付部分房款；三是通过"影子银行"体系进行非标融资而流入地产领域的资金并未完全统计；四是加上与地产密切相关的建筑业、钢铁等行业，则房地产及相关领域占用的信贷资源将更加庞大。

值得注意的是，近年来热点城市房地产市场已进入"存量交易"时代，如北京在2015年二手房成交面积已超过新建商品房，2016年前者已是后者的近1.5倍。图4-7显示，银行口径的房贷规模明显大于房地产开发投资资金来源中的房贷口径，2016年两者的缺口达到2.5万亿元，从一个侧面反映出存量房交易的快速增长。由于"二手房"交易并不会推动投资的增长，可见与以往相比，当前资金流入房地产领域，"虚"的成分可能更为突出。

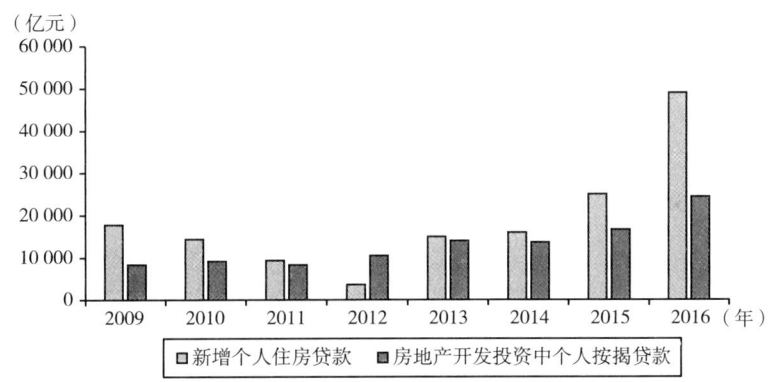

图4-7 新增个人住房贷款与房地产开发投资资金来源中按揭贷款对比
数据来源：Wind资讯、人保资产宏观与战略研究所。

（2）资金被"低效"部门占用以维持债务循环

2008年金融危机后，经历"四万亿"的大规模刺激，我国全社会债务总额明显抬升，并且在2012年后扩张速度进一步加快。国际清算银行（BIS）数据显示，如图4-8所示，截至2016年末，我国非金融部门杠杆率已高达257.1%，较2008年末提高115.8个百分点。

保险资金服务实体经济：国际经验与路径选择

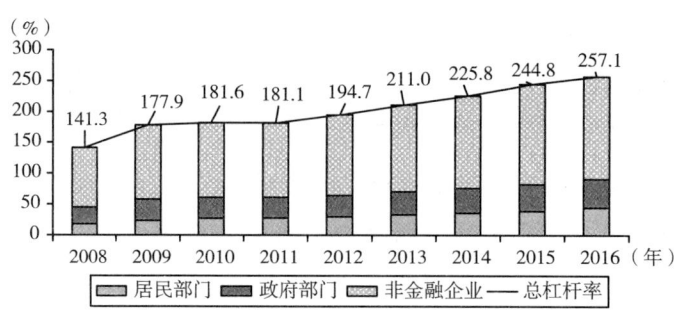

图4-8 我国非金融部门杠杆率变化情况

数据来源：BIS、人保资产宏观与战略研究所。

国际比较来看，图4-9显示，我国杠杆率整体处于中游水平，低于日本、法国、西班牙等高债国，与美国、英国等国家接近，显著高于巴西、印度等新兴经济体。然而增长速度之快"遥遥领先"，引起了市场对于中国债务风险的关注，也成为供给侧结构性改革"去杠杆"的直接动因。

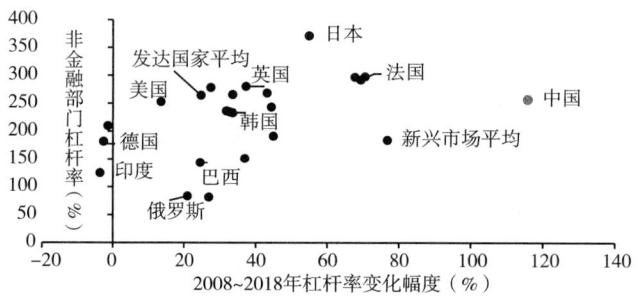

图4-9 杠杆率及变化幅度的国际比较（2016年末）

数据来源：BIS、人保资产宏观与战略研究所。

杠杆率的攀升、经济增速的回落意味着债务偿还压力加大。图4-10显示，金融危机后美国、日本等主要经济体的债务偿付率[①]均有所下降，而中国私人部门（非金融企业和居民）债务偿付率却从2008年的11.7%上升到2016年末的20.1%。与之相对比，实体经济杠杆率最高的日本，其债务偿付率从15.9%下降到了14.2%。债务偿付率的上升说明我国债务增速已经超过偿债收入的增速。偿债压力加大，不良贷款就会出现增长，为了避免债务风险暴露，一些问题企业通过"借新还旧"实现债务展期成为维持生存的主要方式。

---

① 债务偿付率（Debt Service Ratios），指当年应付债务额（本金和利率）占总收入的比率，可以用来衡量当期的偿债压力；数据来源于国际清算银行（BIS）。

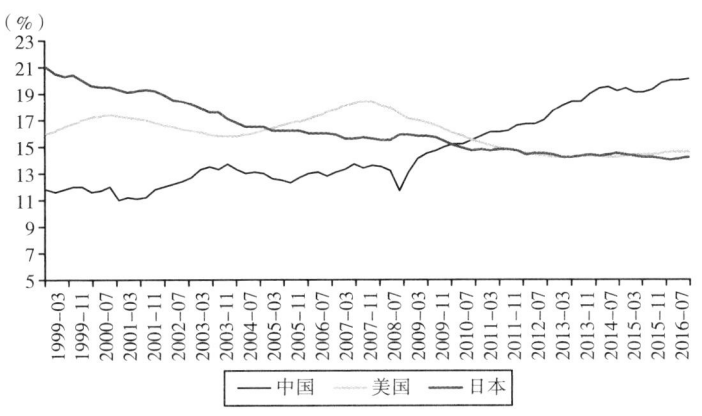

图 4–10　美中日三国债务偿付率变化

数据来源：BIS、人保资产宏观与战略研究所。

"借新还旧"维持债务循环的现象在以过剩产能、地方融资平台为代表的部门表现最为明显。中国人民大学 2016 年 7 月发布的一份报告显示，钢铁行业中僵尸企业占比高达 51.4%[①]。此外，近年来地方债务和地方融资平台成为大规模吸收信贷资源的重要渠道；由于这些资金大部分支持了基础设施建设，经济效益相对较差，偿债能力有限；为了控制地方债务风险，2015 年以来实施的地方债务置换就是一次典型的债务展期。因为"借新还旧"的过程并不创造任何新增就业岗位和生产能力，实质上是对货币资金的无效占用。

4.2.3　资金在金融体系内部空转，实体经济融资链条加长

近年来我国"金融脱媒"现象愈加明显，新增贷款在社会融资规模中的占比从 2006 年的近八成一度下降至 2013 年的不足 6 成；银行同业业务快速增长，理财、信托、券商资管等影子银行体系迅速扩张。同业业务、影子银行、非标融资产品等相互交织，实体经济部门在获得更多融资渠道的同时也面临着融资链条加长的弊端。

从商业银行资产端来看，2010 年以来银行对实体经济部门（非金融机构）

---

① 中国人民大学国家发展与战略研究院《中国僵尸企业研究报告——现状、原因和对策》。

债权的增长速度整体下滑，2016 年仅增 7%；而对其他金融机构的债权规模年均增长 40% 以上，2016 年增速高达 50%。图 4 – 11 显示，银行对实体经济部门债权的占比由 2005 年的 50% 下降至 2016 年的 36%，与之相对应，对其他金融机构债权的占比由 2% 提高到 11%。"一增一减"反映出从银行体系直接流向实体经济的资金比例在下降，更多资金继续留在金融体系内部循环。

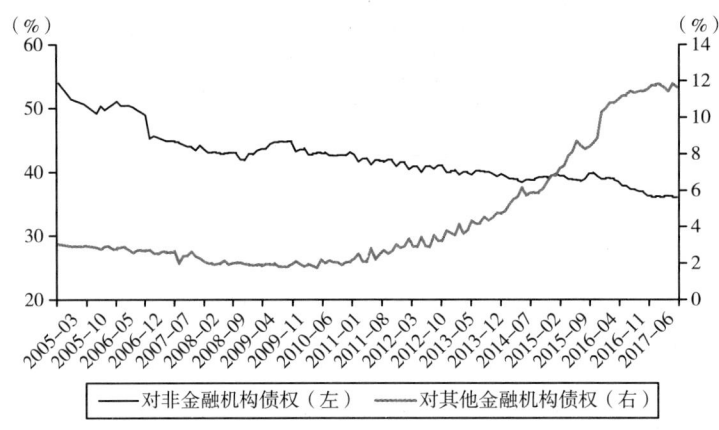

图 4 – 11　商业银行资产结构变化

数据来源：Wind 资讯、人保资产宏观与战略研究所。

一方面，银行同业业务发展迅速，以"同业存单—同业理财"为代表的套利链条成为资金在银行系统内部空转的主要表现；图 4 – 12 显示，银行同业专属理财规模占全部理财产品的比重从 2015 年 1 月的 3.6% 迅速上升到 2016 年 12 月的 20.6%。另一方面，银行资金通过"委外投资"的方式进入其他非银金融机构（包括证金公司、证券公司、基金管理子公司、信托公司等）实现对相关监管的规避。商业银行不仅利用表内的自营资金（包括同业资金）进行委外投资，还通过表外理财等方式支持了非银金融机构的进一步扩张。这些"委外资金"一部分通过购买企业债券、非标、权益类资产、产业投资基金等途径直接或间接进入了实体经济部门；另一部分则通过投资金融产品、多层嵌套等方式继续淤积在金融体系内部。以理财资金为例，《2016 中国银行业理财市场年度报告》数据显示，2016 年末理财资金通过债券、非标、权益类资产等途径向实体经济部门投入 19.6 万亿元，占理财资金投资各类资产余额的 67.4%。

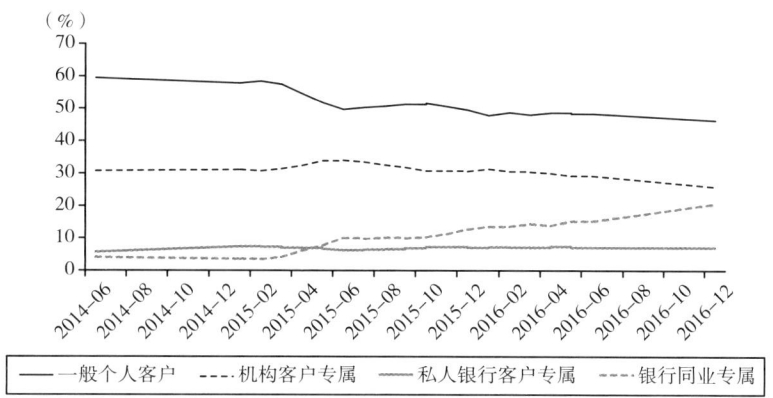

图 4-12 银行同业理财占比上升

数据来源：Wind 资讯、人保资产宏观与战略研究所。

综上所述，如图 4-13 所示，从对资金空转问题分析，可以看到投机资金流向的微观路径有以下几条：第一，大量资金流入房地产相关领域；第二，一些低效部门占用着大量资金用于债务循环；第三，资金淤积在金融体系内部空转，实体经济融资链条加长。

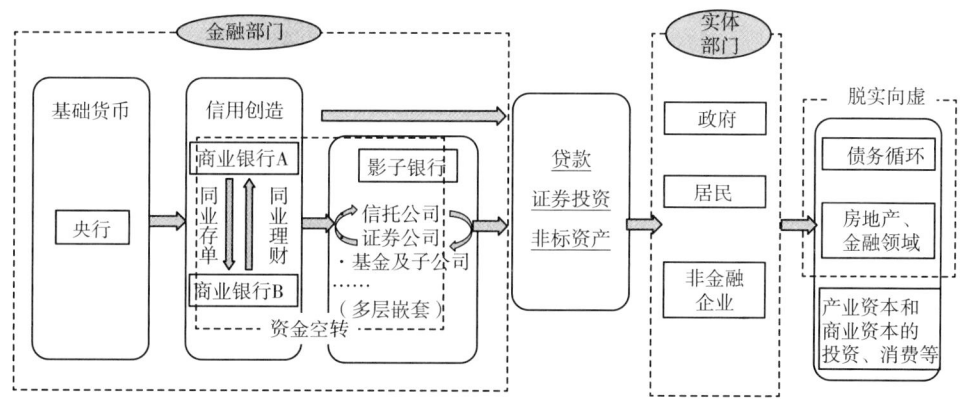

图 4-13 中国资金"脱实向虚"的主要表现

数据来源：人保资产宏观与战略研究所。

4.3 当前保险资金运用中的突出问题

从1950年恢复国内保险业务以来，保险资金运用走过了初始阶段、治理整顿阶段、规范发展阶段、专业化、市场化发展阶段。通过不断的探索，保险资金运用逐渐规范化、专业化。但是伴随保险与金融市场的日益紧密和保险业务的逐步扩大，保险资金运用过程中也发生了一些值得探讨的问题。

4.3.1 股票市场

著名的"万宝之争"，虽然最后以深圳地铁成为第一大股东收场，事态恢复平稳，但万科股权之争还是留下无数争议，其中最重要的一点是使得社会公众将保险资金这类的虚拟资本与实体经济对立起来了。这也使得监管机构明确表态，金融要为实体经济服务，防止资金"脱实向虚"，这是中央划下的红线。事实证明，一些险资打着支持实体经济的旗号，弄虚作假、恶意举牌投资，这才是对实体经济最大的损害。

最近两年，一批中小型保险公司在二级市场频频举牌，成为资本市场和公众的焦点，保险资本也被赋予"野蛮人"的称号。一方面，高现金价值产品等资金来源和高杠杆收购的资金组织方式确实蕴含了较多风险；另一方面，二级市场"举牌"现象的影响力较大，每次举牌都伴随着标的公司股价的剧烈波动。个别保险资金罔顾市场接受程度、行业负面影响，采取"快进快出"等基金的投资行为，或通过概念炒高股票获利，甚至在取得上市公司控制权后将企业家和管理层驱逐，使上市公司沦为融资平台，严重影响"实体经济"。

4.3.2 杠杆

一直以来，资管业务在债券投资领域获取高收益的办法，其中之一就是债券投资加杠杆。简单讲，就是以持有的债券为质押，在银行间市场获得低成本资金，然后继续购入相对高息的债券，实现加杠杆过程，这是"资金空转"的一大主要问题。这也是本书的研究重点。

另外，需要说明的是，机构融入资金的渠道有很多种，从股票市场、银行间市场的买断式回购和质押式回购都可以融入资金，但是这三个渠道融入资金量是有很大差别的，以 2017 年 12 月 12 日（某一普通交易日）数据为例，质押式回购市场成交金额 29 174.43 亿元，买断式回购市场成交金额 1 701.84 亿元，远远小于质押式回购市场（数据来源：外汇交易中心），可以看出，质押式回购市场是融通资金的主要市场。

4.3.3 期限错配

期限错配问题也是可以使得"资金空转"的一个重要手段。与加杠杆相类似，借助收益率曲线短期低、长期高的特点，资管业务可以在本币市场中通过债券质押，付出较低的利率，借得短期资金；而于此同时，购买收益率高的长期产品，通过不断的借短期资金，来实现最终的期限匹配，同时赚取长期产品与短期产品收益率的差值。

但是需要说明的是，期限错配也是金融业经营中的一项正常的获利手段，并不是所有的期限错配都会引发严重的问题，所以，不能因为当前略显严重的经济社会资金空转问题就"一刀切"的禁止，而应当探索一种合理有效的监控手段，既有利于金融机构的日常经营，又可以帮助监管机构做好管理。

4.4 资金空转风险外部传染机制分析及保险资金风险防范

在理论分析和案例研究都证明资金空转风险要引起保险资金的高度关注，应当防范的基础上，本章通过模型的形式，探讨对于保险资金运用而言，资金空转风险的外部传染机制及其影响。

首先，从理论研究出发，认为保险资金是处于整个经济环境之中的，不是割裂开的单独存在，可能会受到其他机构的风险传染；并且，虚拟经济具有主观性，不能用传统理性人假设下的经济理论进行研究，而可以从非理性、传染等角度来分析。从实际研究出发，确定质押式回购市场上的杠杆和期限错配问题是保险资金空转的主要途径（注：如前所述，虽然买断式回购市场上也有融资业务，考虑到市场规模，以及市场内结构的高度类似性，此处以质押式回购市场情况作为范例进行研究）。

其次，质押式回购市场是保险资金，乃至各种金融机构，进行融资的主要市场，而且保险资金并不是市场中的主要力量，在这样一个市场中，资金空转的风险很可能是由外部传染过来的。所以，要研究这样的风险的传染，需要理清市场的具体结构，分析杠杆的位置，才能做好防范。

所以本节先研究质押式回购市场上参与者的行为结构，研究杠杆大概率所在的位置，最后通过获得的白名单样本，来验证理论研究与实际情况的相符程度，进而总结寻找防范风险的有效措施。

4.4.1 质押式回购市场分析

(1) 质押式回购市场简介

①质押式回购。质押式回购是交易双方以债券为权利质押所进行的短期资金融通业务。在质押式回购交易中,资金融入方(正回购方)(在交易系统中委托显示"融资")在将债券出质给资金融出方(逆回购方)(在交易系统中委托显示"融券")融入资金的同时,双方约定在将来某一日期由正回购方向逆回购方返还本金和按约定回购利率计算的利息,逆回购方向正回购方返还原出质债券。

②质押式回购市场参与者。本币质押式回购市场是一个非常复杂的市场,其中机构众多,根据外汇交易中心截至 2017 年 12 月 12 日公布的数据,市场内成员共 21 239 家,可见,保险机构只是其中一类参与者,而且是家数比较少的一类参与者,如表 4-1 所示。

表 4-1　　　　　　　　　　市场参与者

机构性质	成员数	机构性质	成员数
大型商业银行	25	股份制商业银行	42
城市商业银行	152	政策性银行	3
外资银行	110	农村商业银行和合作银行	876
基金	3 936	基金公司	68
农村信用联社	542	信托投资公司	69
金融租赁公司	41	财务公司	213
保险公司	142	证券公司	117
资产管理公司	4	汽车金融公司	20
社保基金	107	企业年金	1 953
信托公司的金融产品	1 079	保险公司的保险产品	372
其他投资产品	19	村镇银行	53
保险公司的资产管理公司	24	期货公司	29
证券公司的证券资产管理业务	4 174	境外银行	180
境外保险公司	32	非金融机构	147

续表

机构性质	成员数	机构性质	成员数
商业银行资管	32	理财产品	612
保险资产管理公司的资产管理产品	603	基金公司的特定客户资产管理业务	4 598
基金公司的资产管理公司	2	民营银行	10
境外央行	53	期货公司资产管理产品	96
私募基金	110	境外其他资产管理机构产品	182
境外证券公司	27	境外基金管理公司非法人产品	213
境外保险公司非法人产品	2	境外人民币清算行	13
境外证券公司非法人产品	30	主权财富基金	5
国际金融组织	7	境外其他中长期机构投资者	16
境外其他资产管理机构	24	境外养老基金公司	4
境外慈善基金公司	1	境外其他中长期机构投资产品	2
境外基金公司	7	养老基金	49
消费金融公司	4	证券公司的资产管理公司	
其他	7		

数据来源：外汇交易中心。

质押式回购市场不同于股票市场，双方是匿名的。质押式回购市场上的交易双方是需要联系和接触的。

③质押式回购业务量。质押式回购业务量非常大，（如表4-2所示），这是2017年12月12日（一个平凡的交易日）当日成交的质押式回购业务的数据，其中，品种名称中的数字表示期限，分别为1天和7天，M代表月，Y代表年。可以看出，成交量最大的还是1天期限的质押式回购，达到了23 656亿元。

表4-2　　　　　　　　　　品种交易量

品种	成交笔数（笔）	成交金额（亿元）
R001	7 414	23 656.7336
R007	2 016	3 577.7855
R014	356	692.6997
R021	140	771.7242
R1M	206	249.4841
R2M	105	120.3310
R3M	34	72.2025
R4M	12	17.7431

续表

品种	成交笔数（笔）	成交金额（亿元）
R6M	7	7.2460
R9M	4	6.5305
R1Y	2	1.9500

数据来源：外汇交易中心。

4.4.2 参与者结构

（1）参与者分类

为研究市场的结构，需要对参与者进行整理分类。首先，由表4-1可知，质押式回购市场的参与者非常多，全面的研究是很难突出重点的。所以，在明确本书研究的主要内容是"脱实向虚"风险及防范的前提下，为有所侧重，按照分类方式，将境外参与者和各类产品剔除。

其次，从实际业务中了解到，质押式回购市场上，资金能呈现出一些流动方向。如果将市场分为五层，在最上层的资金融出方是三大国有政策性银行，第二层的资金融出方是四大国有商业银行和交通银行，第三层是股份制商业银行，第四层是城商行、农商行、保险机构、公募基金、券商乃至私募基金。需要说明的是，在第四层，由于资金体量的巨大差异，又可以继续分为三类，分别是城商行、农商行为一类，保险机构和公募基金为一类，券商和私募基金为一类（见图4-14）。

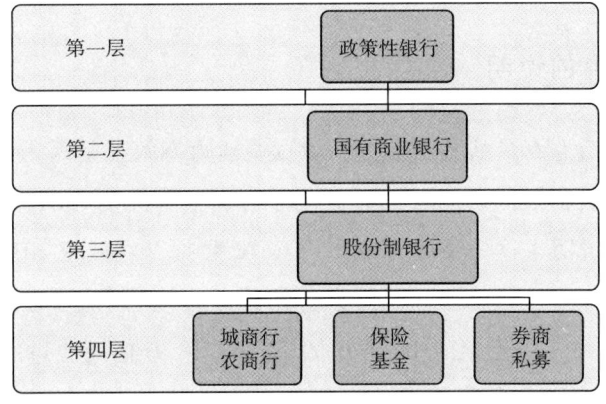

图4-14 质押式回购市场结构图

(2) 分类原因

在解释上述分类的原因之前，首先需要说明的是，银行间本币质押式回购交易市场上的交易是错综复杂的，理论上机构之间都可以相互交易，只是实际上，举个简单的例子，作为资金主要融出方的三大政策性银行，是不可能主动去与私募基金公司做质押式回购业务的，所以如果不事无巨细的描述，而是归纳主要资金流向的情况下，进行上述分层研究也是合理的。换句话说，以上归纳的层级，并不代表全部，只是一个主流情况的探讨。其次，在明确了这个分层是按照资金的主要流向来归纳的前提下，在了解具体业务情况的基础上，假设本层之间机构会进行质押式回购业务，而上一层的机构不会与下一层的机构去进行质押式回购，简单来说，就是下一层机构向上一层机构借入资金，本层机构之间进行资金的融入，而上一层机构不会向下一层机构进行资金的融入。

回到分类原因的探讨上，前文分类的规则之一是从判断实际机构是否有其他业务经营渠道获取资金，并能获取多大规模的资金。首先，三大政策性银行由于本身性质在此不必再分析；其次，各类银行机构是可以通过零售业务的存款业务获得现金流的，但是由于规模的不同，五大行，其他股份制银行，城商行和农商行之间的差异巨大，也因此分列于不同的三层之中；第三，保险公司的资金可以从保费销售渠道获取，基金公司本身就是募集资金进行运作，但当然相比银行，这个量小了很多；第四，券商业务是基本没有渠道获取资金来进行运作的（或者说很少的渠道，详细分析见下一段），私募基金虽然也是资金募集，但是相较其他金融机构，正规的私募基金无论从家数还是业务量上都非常小。

(3) 对券商的说明

前文提到认为券商是从其他业务获取资金能力有限，是因为考虑到券商的主营经纪业务是不具备银行、保险、基金这样的资金募集能力的。蒋健荣（2016）的研究中也侧面说明了这一情况，他使用 CEIC 数据，对截至 2015 年底，我国银行理财、信托、保险、券商资管、公募基金及基金子公司的管理资产规模做了研究，发现分别为 23.5 万亿元、16.3 万亿元、11.18 万亿元、11.89 万亿元、8.4 万亿元及 8.57 万亿元。但是值得一提的是，他认为券商资管虽然管理着近似于保险业规模的资金，但是其中 11.1 万亿元（93% 以上）约为通道业务。众所周知,通道业务其实只是为了监管套利的一种手段,并非真正的资金运作管理。因此,我们认为,券商在本币市场外的业务经营市场上获取资金的规模较小。

4.4.3 质押式回购市场中的杠杆

(1) 定性研究

假设市场中只有 A 和 B 两个机构,如果 B 向 A 借钱,则杠杆肯定不在机构 A;当然,对于机构 B 来说,他借钱的初衷可能不是放杠杆,但是不能排除他完全不是放杠杆(这也符合第 1 章提到的风险的模糊性)。所以,如果在这样一种两机构市场内存在杠杆,那么杠杆只能在机构 B。

基于上述分析,结合实际情况,换句话说,可以认为杠杆大概率存在于资金的融入方。具体到质押式回购市场,杠杆大概率兴起存在于业务的最末端的资金需求方,也就是自身其他业务融入资金能力较小的券商和私募。

(2) 定量研究

前面的研究中明确了质押式回购市场的结构,并分析认为质押式回购市场的杠杆大概率存在于最终的资金融入方。接下来,考虑交易量对杠杆的影响。假设一个三机构的市场,机构 A 是资金的融出方,机构 B 和机构 C 分别是资金的融入方,但机构 B 融入后的杠杆是 300%,而机构 C 是 130%,可以认为,这个市场中的主要杠杆在机构 B 上。

同理,可以通过研究分机构的交易情况,推测市场中的主要杠杆。此处以 2017 年 12 月 12 日(某一普通交易日)的质押式回购业务中各机构的交易占比(数据来源:外汇交易中心)进行分析,如图 4-15 所示。可以明显看出,不考虑"其他"项目情况下,占比较高的机构类型从高到低依次是城市商业银行、农村商业银行和合作银行、股份制银行、大型商业银行和外资机构。所以,我们大概率的可以认为,城市商业银行、农村商业银行和合作银行,是主要存在杠杆的地方(注:不考虑"其他"项目的原因是,如表 4-1 所示,质押式回购市场参与者有 55 类之多,排除大型商业银行、股份制银行、城市商业银行、外资机构和农村商业银行和合作银行外,还有50类,其内部构成机构类型复杂多样,外汇交易中心也未公布其中细分数据,所以,这类暂时不再分析)。

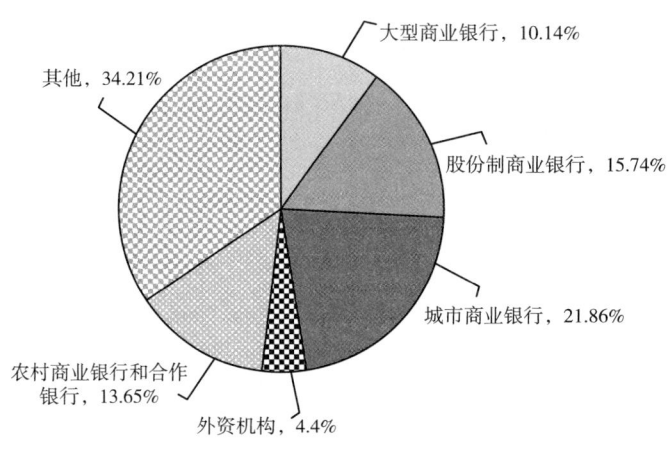

图 4-15 质押式回购市场分机构业务占比

数据来源:美国大都会人寿保险统计数据。

4.4.4 传染研究

(1) 理论基础

前面研究已经说明了,虚拟经济具有主观性,可以使用非理性假设下的非传统经济理论进行研究。

①行为经济理论。行为金融学是将行为分析理论与经济运行规律、心理学与经济科学有机结合起来,以发现现今经济学模型中的错误或遗漏,进而修正主流经济学关于人的理性、自利、完全信息、效用最大化及偏好一致基本假设的不足的一类学说。

最近运用行为经济学原理分析经济社会生活的一个比较有名的方面是"动物精神"。"动物精神"的概念来源于凯恩斯1936年的《就业、利息和货币通论》。凯恩斯承认,大多数经济行为源自理性的经济动机,但也有许多经济行为受动物精神的支配。人们总是有非经济方面的动机,在追求经济利益时并不总是理性的。阿克洛夫把"动物精神"概括为,导致经济动荡不安和反复无常的元素;它还用来描述人类与模糊性或不确定性之间的关系。动物精神的五个方面:信心、公平、腐败、反社会行为、货币幻觉。相关经济学者认为，信心以及信心与经济运行之间具有反馈机制，正是这种机制放大了各种干扰。

"羊群效应"是较为广泛的被接受的一种行为经济学理论，它也叫"从众效应"，是个人的观念或行为由于真实的或想象的群体的影响或压力，而向与多数人相一致的方向变化的现象。表现为对特定的或临时的情境中的优势观念和行为方式的采纳（随潮）；表现为对长期性的占优势地位的观念和行为方式的接受（顺应风俗习惯）。人们会追随大众所同意的，将自己的意见默认否定，且不会主观上思考事件的意义。所以，人与人之间情绪是相互影响的，机构与机构之间也存在影响，一个机构的做法，会被别的机构效仿。

在这样的非理性市场中，信心、情绪都是经济波动的关键点，某一机构的短期杠杆方式的获利很容易被其他机构效仿。质押式回购业务的市场参与者虽然是机构，但具体业务操作者是相关工作人员，在主观性较强的这类市场上，更容易产生一些非理性行为，进行一些从众操作。

②复杂网络理论。对于上述问题的量化研究，可以借鉴传染病的传染方式为故事的传播创建模型。比如：故事或者情绪就像病毒，它们口口相传，具有一定的传染性。流行病学家开发了一种研究流行病的数学模型，也有用复杂网络理论来研究传染的，经济学者也可以用它来研究故事和信心的传播。

复杂网络作为一门新兴科学，是对存在的网络现象及其复杂性进行解释的学科，它研究的是网络（非狭义的计算机网络概念）现象。网络在自然界和人类社会中普遍存在，包括自然界中天然存在的星系、食物链网络、神经网络、蛋白质网络；人类社会中存在的社交网络、传染病传播网络、知识传播网络；人类创造的交通网络、通信网络、计算机网络等。

现实中病毒传播、信息传播、谣言扩散等，都可看作是服从某种规律的网络上的传染动力行为，该理论的发展和应用研究受到学者们的广泛关注。同时，由于关联主体之间的关联结构可用复杂网络进行刻画，而其关联信用风险具有类似病毒传播的特性。因此，复杂网络理论为研究关联信用风险传染演化规律提供一种新视角。

③传染理论。传染风险指的是涉及影响单个或一系列银行的特殊冲击向其他金融部门的传递。经济学中的传染，目前主流的研究在于金融危机的传染。其实与金融危机的传染类似，经济生活的很多方面都存在着传染问题，只是由于其暴

露出来的影响程度的大小有区别,尚未成为主流的研究内容。

传染风险中提到注意力配置效应,在经典经济学模型中,假设经济主体的认知是瞬时和无代价完成的,然而处理信息和做出决策都需要足够时间,所以个体必需在不同的信息间进行取舍,有些信息会被重点关注,而另一些则不能被注意到(理性不注意),这样就形成了有限注意力配置的问题。与资金空转问题相联系,我们可以理解为,如果某一机构通过杠杆操作获取了超过其他机构正常操作所获得的收益率,那么其他机构的注意力就很有可能被这类事件所吸引,进一步的,机构之间也是非理性的,也可能情绪传染,放杠杆获利的机构越来越多,原本个别机构的"以钱炒钱"行为,如果扩散开来,变成了整个系统资金投机问题,偏离了服务实体经济的初衷。

(2) 获取数据

真实的交易关联数据不可得,就像我们不能从公开渠道获得沪深市场上成交的证券的买卖双方数据一样,质押式回购交易的机构对手方的数据从机构公开发布的信息渠道都是拿不到的。

另外,研究机构之间这种传染,需要这样的数据,因为质押式回购市场不同于证券市场,交易双方的机构的工作人员是接触和联络的。在这种交易模式下,接触就相当于改变了机构之间的距离。也就是说,有接触的机构之间的传染肯定比没有接触的之间更容易发生传染。所以本书折衷地选择了索取部分机构白名单来研究机构之间关联关系的一种方式。

①白名单。白名单源于计算机领域,其概念与"黑名单"相对应。黑名单启用后,被列入到黑名单的用户(或 IP 地址、IP 包、邮件、病毒等)不能通过。如果设立了白名单,则在白名单中的用户(或 IP 地址、IP 包、邮件等)会优先通过,不会被当成垃圾邮件拒收,安全性和快捷性都大大提高。

将其含义扩展到质押式回购市场的参与机构,各机构也有白名单和黑名单,白名单就是可以进行业务操作的对手方机构的列表,黑名单则是不能与之进行业务操作的机构列表。需要说明的是,各机构的白名单一般情况下是不会对外公布的。

②数据量。通过联系各机构,本书最终选取股份制银行 5 家,城商行 6 家,农商行 5 家,保险机构 5 家,基金公司 3 家,券商 3 家,私募 3 家。具体行业分布如图 4 - 16。

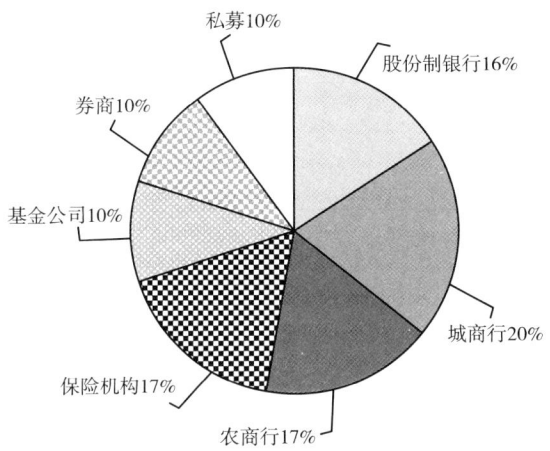

图 4 - 16 选取的样本类别分布

数据来源：美国大都会人寿保险统计数据。

③数据修正。对于获得的白名单，还需要根据实际业务情况进行修整。比如，某股份制银行 A，在某保险公司 B 的黑名单中，而保险公司 B 在股份制银行 A 白名单中，即 B 不会对 A 进行质押式回购的资金融出业务，但是不影响 B 作为资金的融入方与 A 开展质押式回购。简单来说，B 不会借钱给 A。但是实际情况是，A 作为股份制商业银行，几乎很少向 B 融入资金。例如这样的黑名单，我们认为是无效黑名单，将相关数据，予以剔除。

此外，选取的机构样本并没有 3 家政策性银行和 4 家国有商业银行以及交通银行，但是这些机构作为市场上主要的资金融出方，是应该出现的。但幸运的是，本书研究不是市场上的所有机构，只是从各类机构随机抽取几家，所以只需要向样本机构了解确认其是否可以从这 8 个机构融入资金即可。

最终，将获取的全部白名单按照机构属性进行分类，具体如表 4 - 3 所示。考虑到市场业务竞争的保密性，这里将银行代码用编号替代，例如 A101 代表银行类编号 101 的某家机构。

表 4 - 3　　　　　　　　　　样本机构情况

政策性银行	A101、A102、A103
五大行	A104、A105、A106、A107、A108
股份制银行	B101、B102、B104、B110、B113
城商行	C101、C103、C108、C122、C124、C143
农商行	D127、D142、D144、D151、D152

续表

保险机构	E103、E104、E105、E121、E122
券商	F112、F131、F184
公募基金	G107、G133、G139
私募基金	H102、H104、H106

（3）结果及建议

①模型简介。按照白名单中各机构的相关情况进行数据的组织和描述。第一，图中的点代表市场中的机构。第二，如果机构 A 可以向机构 B 融出资金，即机构 B 在机构 A 的白名单上，则由 B 至 A 画一条有向连线。第三，关于点的大小，此处由于数据限制，并不通过复杂的计算获得，而是通过与其连接的机构数量来获得，比如，连入的机构越多，越能反应是市场资金的主要融出方，则拥有杠杆的几率越低，"脱实向虚"的风险越小，点也越小。

②结果。首先，验证质押式回购市场是否有层级结构或者说中心结构，即以 3 大政策性银行为主要资金融出方的中心式结构。做法是将各银行与 3 大政策性银行和 5 大行的连接关系标志出来，如图 4-17 可以看出，质押式回购市场的确是具有中心化的市场结构，主要融出方是 3 大政策性银行以及工农中建交五大行。

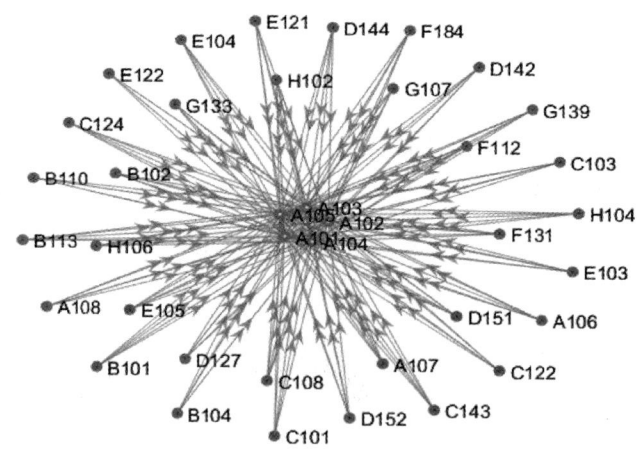

图 4-17 质押式回购市场的中心结构

其次，将获得的全部数据进行描述，如图 4-18 所示，结合表 4-3 发现，相对较大的点基本为券商和私募，这与之前的理论分析也基本一致。

另外从线的密集程度看，图4-18中左上部分的线的密集程度较高，这些点主要是城商行和农商行。图中这种情况说明这些机构之间的联系非常紧密，如果有传染，那么这些机构之间的传染概率是较大的。这也与之前研究发现的，质押式回购业务主要存在于城商行和农商行之间的情况相符。

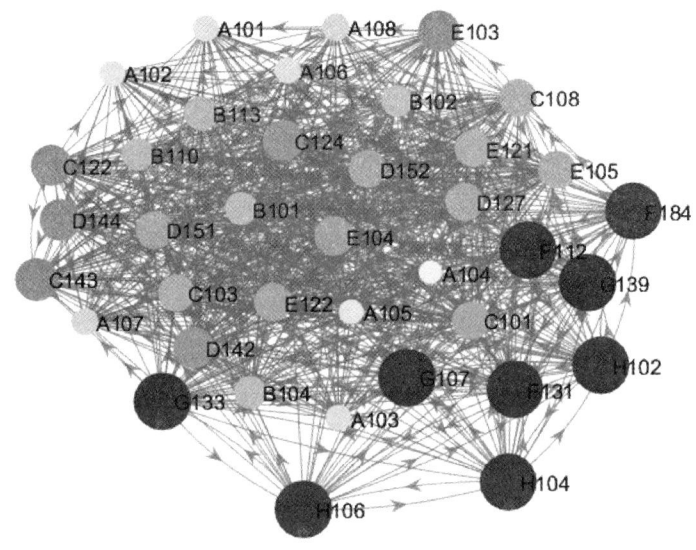

图4-18 质押式回购市场"脱实向虚"风险描述

③建议。通过研究发现，越是"以钱炒钱"这类资金空转的业务，越有可能具有群体情绪下的传染效应，所以越应当做好风险的防范。结合上述结论，提出如下建议：

第一，理论认为市场内的机构行为、情绪都是可以相互传染的，实际情况也发现各机构之间也是具有连接关系的，所以作为市场参与者之一的保险机构本身应当做好自律，本着虚拟经济服务实体经济的本质，进行资金运作，要做有原则有底线的金融市场参与者。

第二，保险机构在质押式回购市场中，作为机构投资者应该更加理性，不要被外界情绪所感染，对主要杠杆所在位置的机构，或者传染能力较强的机构有所警惕。

第三，可以发现，对于保险资金而言，资金空转风险可能存在于外部，并且由于传染理论的存在，金融行业的自律性非常重要。

4.5 遏制资金空转，支持实体经济的国外治理实践

4.5.1 美国遏制资金空转，支持实体经济的具体措施

（1）多手段救助金融市场及金融机构，风险及时出清

货币政策方面，主要采取了以下几种措施：一是果断迅速降息以救助金融市场流动性。自 2007 年次贷危机爆发之初至 2008 底，美联储为救市共下调基准利率高达 525 个基点。二是降低再贴现利率积极向金融机构提供贴现贷款。截至 2008 年底，美联储对贴现率的下调幅度达到 575 个基点，贴现率与联邦基准利率利差不断缩小，最终由从 100 个基点缩小至 25 个基点。三是推出新型非常规政策手段救助市场流动性。如表 4-4 所示，美联储先后推出 TFA、TSLF、PDCF 等一系列创新性流动性支持工具作为已有救助方式的补充，不断扩大救助对象，向市场提供不同期限的流动性支持。四是通过量化宽松政策大量购买国债及其他中长期债券以干预利率水平。从 2009 年 3 月至 2013 年底，美联储通过四轮大规模的资产购买计划（LSAP）购买国债和抵押贷款支持证券等，资产负债表规模从危机前的 8 500 亿美元一度扩张至 2013 年高峰期的 4 万亿美元；通过量化宽松措施，美联储成功推低了长期利率水平，并带动抵押贷款支持证券市场回归正轨。

表 4-4　　美联储创新流动性支持工具

工具名称	救助对象	救助方式
短期贷款拍卖（TAF）	存款机构	美联储以竞拍方式向存款机构提供固定期限短期贷款
短期证券借贷工具（TSLF）	一级交易商	美联储用高流动性债券向一级交易商交换流动性较差的抵押证券
一级交易商融资便利（PDCF）	一级交易商	美联储从贴现窗口为一级交易商提供有抵押的隔夜贷款

续表

工具名称	救助对象	救助方式
货币市场共同基金流动性工具（AMLF）	存款机构和银行控股公司	美联储为存款机构和银行控股公司从货币市场共同基金处购买资产支持商业票据提供融资
商业票据融资工具（CPFF）	票据发行机构	美联储通过 SPV 从商业票据发行机构购买短期商业票据
货币市场投资者融资工具（MMIFF）	货币市场投资者	由纽约联邦储备银行对 SPV 提供融资，促使其向货币市场投资者购买各类资产
资产抵押证券贷款工具（TALF）	家庭、企业、"两房"等机构	美联储向消费贷款和小额贸易贷款支持 + U2；W9 的资产担保证券持有者提供无追索权贷款；从"两房"和吉利美手中购买 MBS；直接购买中长期国债等

数据来源：人保资产宏观与战略研究所。

财政政策方面，2008 年 9 月，时任美国总统布什推出了总额 7 000 亿美元的问题资产救助方案（TARP）；在经过众议院反复讨论修改后，10 月美国参议院最终通过的救助方案将救助金额从 7 000 亿美元提升至了 8 500 亿美元，并且增加包括延长税收计划、上调银行存款保险 25 万美元上限等条款。同年布什政府还签署颁布了《2008 年紧急经济稳定法案》，力促财政部出台资产损失处理计划，对问题金融机构提供资产损失保险。

值得一提的是，美国政府针对金融机构的救助并未采用"一刀切"的方式，包括有选择地救或不救以及有区别地选择救助方式。在"救与不救"的问题上，美国政府着力避免成为利益集团的输血工具，尊重市场规律，选择对保护纳税人利益最有利的金融机构进行救助，打破"大而不倒"的惯性放任部分金融机构破产。在救助方式的选择上，针对有能力渡过难关的金融机构，通过购买资产、接手负债、贷款、捐赠等方式保持其持续经营能力；对较难继续经营的金融机构则采取收购继承的方式直接由政府或资产负债表健康的金融机构接管。2008 ~ 2014 年，有超过 500 家银行宣布破产；曾经著名的前五大投资银行中，雷曼兄弟破产重整，美林、贝尔斯登被美国银行和摩根大通收购，摩根士丹利和高盛转变为银行控股公司。最终金融机构通过救助、破产、重组、兼并等不同方式实现变革，出清了风险。

此外，财政方面的救助还包括减税等措施。2008 年 1 月美国政府推出了总额 1 680 亿美元的税收减免计划；2008 年 11 月，美国将针对非银金融机构的救助纳入计划,增加学生贷款、汽车贷款和信用卡的供应量,后又向汽车等非金融行业进行救助。除了短期的税收减免政策外,为刺激实体经济复苏,2009年2月,时任美国总统奥巴马签署《2009年美国复苏和再投资法案》,推出了总额为7 870亿美元的经济刺激方案,其中,包括2 883亿美元左右的大规模减税与税收直接支出计划。应该说,积极财政政策对稳定市场金融市场与托底实体经济效果明显。

随着这些紧急应对措施的推进,金融领域和实体经济的状况有所改观。问题金融机构的财务状况停止了恶化,并开始逐步脱离对政府救助的依赖,融资环境得以修复,实体经济逐步显现复苏迹象,图4-19显示,2009年三季度开始GDP降幅开始收窄,至2010年一季度GDP增速已由负转正。

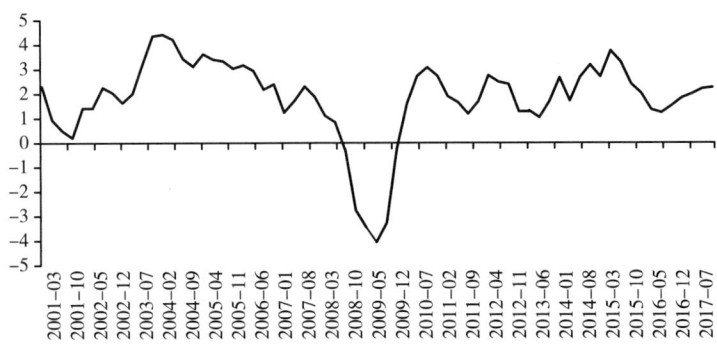

图4-19 美国GDP当季同比

数据来源:Wind资讯、人保资产宏观与战略研究所。

(2) 结合自身发展优势提出"再工业化"战略

美国政府深刻反思了引发此次危机的深层原因,意识到虚拟经济过度发展的弊端,开始正视美国经济失衡问题的严重性。为此,美国政府试图重新建立一个新的可持续的均衡增长模式。2009年底,美国提出将经济转型为出口推动型增长和制造业增长,并制定了美国出口5年倍增目标;之后时任美国总统奥巴马签署了《制造业促进法案》明确了振兴制造业、向实体经济回归的战略方向,提出了"再工业化"的战略口号。

从国际分工体系来看,美国在其"后工业化"时期已将绝大部分制造业转移至海外,美国实体经济的"再工业化"只能从与美国资本与技术优势相切合的角度入手。20世纪末美国的信息和文化产业发展迅猛,而新能源技术对美国未来保持国际竞争力至关重要。在此背景下,Information(信息)、Cultural(文化)、Energy(能源)产业组合应运而生。"ICE"产业取代了"FIRE"产业成为美国经济发展的重点领域,经济结构逐步寻求从"火"向"冰"、从虚拟到实体的转变。总而言之,美国的"再工业化"战略并不仅是简单地扩大工业部门和其他物质生产部门的规模,而是选取有利于发展国家竞争力的新兴产业,通过科技与文化创新来推动重点产业进步,带动实体经济的回归。

美国"再工业化"战略推动经济结构改善的积极效果逐步显现。在奥巴马公布的经济重振计划中,涉及新能源产业转型与发展的计划超过半数,是经济复兴计划的重中之重;2008~2012年,美国仅页岩油领域吸引外资规模已超过1 300亿美元。通过《贸易促进法案》和自贸区谈判,美国在能源、汽车、飞机、计算机和服务等领域的出口情况显著回升。

(3) 进一步加大对科技创新的支持力度

以"再工业化"战略为背景,美国还进一步加大对科技创新的鼓励力度,积极发展能够有效带动经济增长的技术驱动型产业。2009年9月美国政府颁布了《美国创新战略——推动可持续增长和高质量就业》,该文件提出"创新是推动经济复苏的必然要求,经济的性质与竞争的基础已经和过去不同,美国需要做出应对。美国应该对相互关联的全球化的各种服务以及丰富的新技术加以利用,以提高美国的制造能力"。2012年,奥巴马政府推出"美国国家制造业创新网络(NNMI)"计划,旨在建立全国性的制造业领域政产学研协同创新网络。联邦政府提供了愈十亿美元资金创设了十多个制造业创新研究所,2014年制造业创新研究所的规模已扩充至近50家。政府通过领投的方式引导和鼓励民间资本进入风险较高的前沿科技领域,同时利用税收杠杆、利益分担机制、严格的产权保护等鼓励企业积极创新、在研发环节加大投入。应该说,长久以来对科技创新的重视和鼓励,为美国全要素生产率的提高奠定了基础,也是美国经济核心竞争力的重要体现。

(4) 完善金融监管体系

次贷危机的发生充分暴露了美国金融监管体系的漏洞。2008年3月美国公布了《现代金融监管构架改革蓝图》,对此前的多头功能性监管体系展开了全新的整理和归类，并分别从短期、中期、长期提出建议以提高金融监管效率、维护金融稳定、更好的对消费者的权益进行保护。该蓝图提出将金融监管划分为三个组成部分，分别为审慎金融监管者、市场稳定监管者以及商业行为监管者，三者互相协作以进一步完善监管体系。

2009年6月，美国政府发布《金融监管改革：新基础》，其被称为金融监管体系改革的白皮书。该项改革方案覆盖了金融业的各个领域，监管对象涉及金融市场、金融机构、金融产品以及消费者等，同时将过去游离在监管之外的创新金融产品与影子金融机构纳入监管体系，旨在全面弥补现有金融监管体系的漏洞，防止金融监管缺位为资金脱实向虚提供空间。白皮书主要涉及六方面的改革内容：一是成立金融服务监管委员会；二是扩大美联储监管范围；三是成立全国银行监管机构；四是撤销部分可能导致监管漏洞的监管机构；五是提高对金融企业资本金的要求；六是要求对冲基金及各类私募机构在证券交易委员会登记备案。金融监管改革方案公布后，众议院和参议院针对该法案各自提交了建议与修改版本。

2010年7月21日，《多德－弗兰克华尔街改革与消费者保护法案》正式颁布，标志了美国金融体系"去监管化"告一段落。新的金融监管体系框架有以下几方面重点改变：第一，该法案提出了防范系统性风险的重要性，建立了金融宏观审慎管理的协调机构——金融稳定监管委员会；第二，确定美联储的超级监管地位，其可对大型、复杂、综合性金融机构实施全面监管；第三，创立沃克尔法则，解决混业经营和分业监管的制度错配问题，并且对大型金融机构的自营业务加强了监管；第四，建立更完善的清算机制，结束"大而不能倒"；第五，对原有监管漏洞进行填补，其中，较为重要的是成立联邦层级的保险业监管主体以及将影子银行体系纳入新的监管框架之中，此外还有加强对衍生品和对冲基金的监管等（见表4-5）。

表4-5　　　　　　　　　金融危机后美国金融监管改革进程

时间	事件	主要内容
2007年7月	《外国投资于国家安全法案》	旨在改革外国投资委员会、加强外资并购安全审查，明确外国投资委员会的结构、任务、工作程序和职责等，确定了外国投资委员会各有关行政部门的具体职责

续表

时间	事件	主要内容
2007年12月	修改《诚实贷款条例》	限制部分交易手段,要求在交易开始后的更早期披露与抵押品相关的信息,只要发现存在不公平或欺诈行为,美联储监管小组有责任禁止与抵押贷款有关的交易
2008年3月	《现代化金融监管体系改革蓝图》	短期目标着眼于解决次贷危机问题,中期目标强调修补现行监管体制漏洞,长期目标提出从金融稳定监管、审慎监管和金融市场商业行为为监管等三方面重构美国监管体系,确保美国全球金融市场的核心地位由布什政府提出的改革思路,为新一轮的美国金融监管改革奠定了基础
2009年2月	《金融稳定计划》	要求银行机构接受全面压力测试建立金融稳定信托基金联合美联储、联邦存款保险公司和私营机构建立公共—私有投资基金支持启动消费者和商业信贷的新计划;推出全面的房地产计划
2009年6月	《金融监管改革——新基础重建金融监管》	提出了针对目前监管框架的改革计划,以及提出了加强对金融机构的监管、建立对金融市场的全方位监管、保护消费者和投资者不受不当金融行为损害、赋予政府应对金融危机所必须的政策工具以及建立国际监管标准并促进国际合作等方面的政策建议
2009年12月	美国众议院通过了金融监管改革法案	该法案步入立法阶段
2010年5月	美国参议院通过了法案	与众议院版本相比,参议院版本法案秉承拆分商业银行和投资银行的沃尔克法则,对金融机构的监管措施更为严厉
2010年6月	美国众议院与参议院协商法案内容	两院代表就金融改革法案的最终定稿举行会议,经过多轮讨价还价后,到6月29日,两院代表敲定法案最终妥协版本
2010年7月	《多德-弗兰克华尔街改革与消费者保护法案2010》	这个历史性的新法案由16部分组成,共2 800多页,将对银行、对冲基金、信贷评级机构、交易商、投资咨询机构、会计、上市公司和其他金融机构的运行规则进行全面的改革与修订。重点防范系统性金融风险,提高金融系统稳定性保护消费者免受金融欺骗与掠夺

数据来源:人保资产宏观与战略研究所。

综上所述,危机后,美国通过一系列中长期措施,一方面大力发展"ICE"

产业为代表的实体经济部门，另一方面不断推进金融体制改革，重建美国金融监管体系，为实体部门提供稳定的金融支持。实体经济与虚拟经济协同发展，经济结构的失衡得以改善，使得美国成为金融危机后率先走出衰退的典范，并率先启动货币政策正常化进程；2013年底，美联储宣布开始逐步退出量化宽松政策，2015年底美联储宣布加息并于2017年9月启动缩表。

4.5.2 欧洲遏制资金空转，支持实体经济的具体措施

欧债危机爆发后，虽然欧盟内部对危机解决方案存在一定分歧，但为了避免危机进一步蔓延并"防患于未然"，欧盟与欧元区领导人多次协商争取达成共识，采取了一系列紧急救助措施并积极推动金融体系以及经济结构改革，欧洲经济逐步走上缓慢复苏的道路。

(1) 多重措施紧急救助，缓解南欧国家的偿债压力

欧债危机爆发后，欧盟和IMF在2010年5月联合成立总额为7 500亿欧元的救助机制——欧洲金融稳定基金（EFSF），为陷入危机的南欧国家提供贷款援助。以希腊为例，第一轮的救助贷款为1 100亿欧元；2011年7月第二轮贷款为1 090亿欧元，贷款期限延长到15～30年，利率从4.5%下调至3.5%。之后，爱尔兰、西班牙、葡萄牙、意大利也陆续接受了数额不等的援助贷款。援助贷款使陷入债务危机的国家获得紧急流动性支持，为后续的救援和改革措施提供了宝贵的时间。

与此同时，欧央行通过降息、资产购买计划等宽松货币政策缓解债务压力并刺激实体经济增长：一方面，如图4-20所示，欧央行连续下调三大利率，使其接近零利率的水平，甚至将商业银行的超额准备金利率降为负值。另一方面，启动资产购买计划。2009年5月、2011年11月欧央行分别实施资产购买计划CBPP和CBPP2；2014年10月，总额超过1万亿欧元的CBPP3计划启动，每月购买资产600亿欧元。2016年4月到2017年3月，欧央行提升每月资产购买规模至800亿欧元，并将非银行类机构发行的投资级欧元计价债券纳入量化宽松范围；2017年4月欧央行下调月度购债规模至600亿欧元但延长购债计划至2017年底。

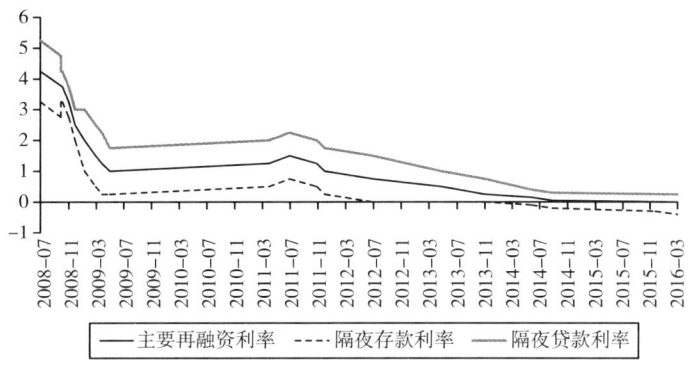

图 4-20 欧央行三大政策利率变化情况

数据来源：Wind 资讯、人保资产宏观与战略研究所。

总体来看，低利率和资产购买计划等措施有助于压低欧元区国家的长期国债收益率，减轻了相关国家的债务偿付压力，也有利于刺激经济和通胀形势好转。

（2）摒弃去工业化的产业发展思路，重振实体经济发展

欧洲国家重新意识到工业对于经济稳定发展的重要意义，纷纷启动再工业化战略。欧盟在 2012 年 10 月公布了"新工业革命"战略，希望以次提高 GDP 中工业的占比，并制定了 2020 年工业占欧盟 GDP 的比重上升至 20% 的目标。具体措施包括：

一是促进高新技术创新。欧盟在六大优先领域加强技术创新和应用的力度，包括清洁生产制造技术、生态技术、关键使能技术、可持续建筑材料、清洁运输工具、智能电网。

二是完善市场环境，鼓励并扶持创业。欧盟层面加大力度统一协调区内各国技术规范体系，使得区内技术交流和转化的效率提高；简化了企业创立、转让的手续，完善了企业破产制度，支持企业家二次创业；保护知识产权，保证企业家利益。

三是改善融资环境，破解企业融资难题。欧盟主动出台"企业与中小企业竞争力项目"和总预算为 800 亿欧元的"地平线 2020 计划"，利用公共资金带动私人投资、为企业研发新技术提供支持；欧洲投资银行的贷款投放也向工业新技术领域倾斜，重点投向中小企业技术创新。另外，天使投资、供应链金融、保理以及金融租赁等金融工具也受到政策支持。

南欧国家中，西班牙制订了"再工业化"援助计划，以加大基础设施建设和促进技术创新的方法来提高生产率和增加就业;2011 年西班牙政府根据申请投放了 4.624 亿欧元的补助金带动大量投资进入工业领域;2014 年西班牙首相宣布将推行新的经济刺激计划来提升西班牙经济的竞争力和增加就业,其中包括价值 63 亿欧元的投资项目和公司税削减措施;另外还包括针对中小企业的信贷措施,以及有关节能、交通和工业产品投资的措施。爱尔兰则一方面帮助企业增强出口竞争力,给予高潜力的新兴企业财政和咨询支持;另一方面,低税率扶持并吸引跨国公司将区域总部转移至该国。2013 年 12 月 15 日,爱尔兰成功退出欧盟与国际货币基金组织的纾困机制,成为欧债危机后首位走出泥潭的国家。

(3) 调整改革福利制度,加强预算约束

国际货币基金组织和欧盟对南欧五国进行援助之前就意识到了其过高标准的福利体系是造成财政负担的重要原因,作为接受援助的条件,南欧五国必须进行必要的改革,比如削减财政预算和公共开支、增加部分行业税率等。以希腊为例,具体要求包括:一是降低养老金额度并提高领取的初始年龄。如提高女性领取养老金的初始年龄;取消特定节日和暑假的特殊养老补贴等。二是限制公共部门的薪酬。如公共部门津贴削减 8%;事业单位工资总额削减 3%。三是增加税收。将附加税(VAT)提高至 23%;奢侈品消费税提高 10%,以及提高烟酒和燃料税等。通过以上一系列"增收减支"以期实现对财政赤字率的有效控制。

为了获得援助,希腊全盘接受了 IMF 和欧盟提出的条件。随后,欧洲国家陆续效仿希腊进行必要的福利制度改革,进一步加强预算约束。一系列改革措施效果显著,如图 4-21 所示,2016 年南欧五国财政赤字率较 2010 年明显降低。

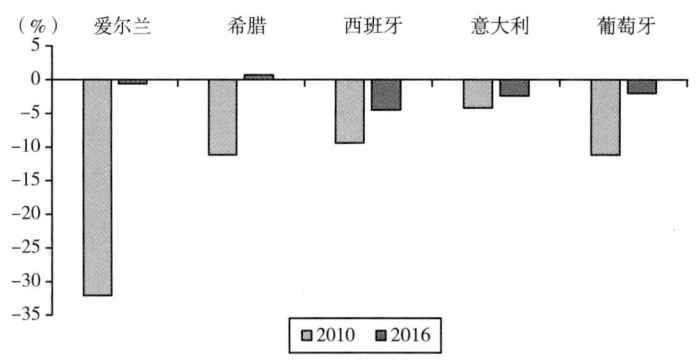

图 4-21 南欧五国财政赤字率变化

数据来源:Wind 资讯、人保资产宏观与战略研究所。

（4）改进金融监管体系，增强金融安全

欧债危机使得欧盟反思监管体系分散的弊端，开始建立新的宏观审慎政策框架：第一，设立由欧央行主席直接领导的欧洲系统性风险委员会（ESRB），负责监管欧盟系统性风险，规定欧央行每年上交两次《金融稳定评估报告》，及时监控、识别各类威胁金融领域稳定健康发展的风险。第二，确立单一监管机制原则（SSM），集中银行业监管权力至欧央行、欧洲银行监管局（EBA）和各国银行监管部门组成的统一监管体系（《欧央行监管条例》〔2014〕468号）[①]。欧元区各国必须加入SSM，非欧元区国家自愿加入。第三，为了有效应对金融机构的破产清算，欧洲议会还在2014年4月通过了《单一处置机制法案》，成立单一处置机制理事会（SRB），负责使用单一处置基金（SRF）和金融机构倒闭后的风险处置工作。第四，欧盟改善了原存款保险制度，出台新的《存款担保机制指引》，通过事前向各国银行收费的方式筹集资金，避免未来用财政资金为某一金融机构的经营失败买单。

欧盟新的监管框架在一定程度上打破了成员国国别的限制，统管整个欧盟的金融体系，政策制订和金融监管也在这一框架下有机结合，提升了新时期金融业监管的效果。

通过以上产业、财政、金融监管等多方面的结构性改革，欧洲经济好转趋势逐渐明朗。2017年3季度，欧元区经济同比增长2.5%，创2011年1季度以来新高。经济的稳步复苏为逐步退出量化宽松奠定了基础。欧央行已经决定从2018年1月起缩减月度购债规模至300亿欧元，并将持续至2018年9月，意味着欧洲货币政策也正在逐步回归正常化。

4.5.3 日本遏制资金空转，支持实体经济的具体措施

为了扩大内需、恢复经济，政府采取了多种政策，但这些政策缺乏统一协调

---

① 在具体实施上，欧盟银行监管局负责制定银行业的各项监管标准；欧央行负责对系统内重要大型银行（共120家，总资产约占欧元区银行业的85%）进行监管；各国监管机构负责对非系统内重要银行监管，但欧央行保留对所有银行的最终监管决策权。另外，接受欧洲金融稳定基金（EFSF）或欧洲稳定机制（ESM）救助的银行也受到欧央行的直接监管。

进而形成合力，同时由于银行、居民、企业资产负债状况极度恶化，实体经济的发展并未明显改善。总体来讲，日本政府处理危机的政策有优有劣。本部分围绕金融体系改革和促进实体经济发展展开一些政策的论述，以汲取其中的经验和教训。

（1）日本加大金融体制改革力度，树立科技立国理念

①进行金融体制改革。泡沫破裂后，不良债权问题严重影响日本银行业。不过在相当长一段时间内，金融当局一再拖延对该问题的处理，直到1995年日本政府才真正开始处理不良债权问题，启动一系列金融改革。一是从法律建设入手，修改完善了一系列政策法律①，重整金融秩序；二是实施有条件的政府注资，推动金融机构完善信息披露制度、解决惜贷问题等；三是进行金融业的合并重组。2002年，小泉内阁制定"金融再生计划"，采取金融改革和产业重组相结合双管齐下的配套改革，具体措施包括通过专业结构（如"整理回收机构"）减免中小企业债务、提高银行不良债权拨备、对银行制定明确的不良率削减目标并严格检查等。围绕处理不良债权的一系列改革措施逐渐取得成效，到2003年，日本金融机构的不良债权率开始大幅降低。

与此同时，针对"大藏省"（组织机构如图4-22所示）高度集权和分业监管体系的弊端，日本政府着手改革金融监管体系。泡沫经济破灭之前，大藏省是日本经济政策的实际制定者并对金融机构进行监管。在此体系下，货币、经济、监管政策具有较高的同步性，决策一旦失败，负面效应成倍扩大；而且大藏省拥有直接任免央行高管的权利，并派遣专人入驻货币政策委员会，所以当时日本央行实际上并不具有独立性。另外，前文已经分析到，金融监管缺位是导致泡沫经济的重要原因，而当时大藏省体系下分业监管的模式显然已经不适应日益复杂的金融市场。

日本政府反思这些弊端并着手改革：一方面，以法律形式增强央行的独立性。1997年《日本银行法》大幅修订并于2000年开始实施，从法律上规定日本央行具有独立的监管和政策制定权力。另一方面，建立金融监督厅（组织机构如

---

① 1996年4～6月日本政府相继制定《存款保险法》《金融机构等经营健全性确保法》和《金融机构更生手续法》（"金融三法"）；1998年7月制订《过度银行计划》；1998年10月国会通过《金融再生法》和《金融机制早期健全及安全措施法》，确定了处理金融机构破产的法律框架。

图 4-23 所示）作为金融监管专门机构。1998 年 6 月，日本分离出原大藏省的金融监管部门，组建了金融监督厅。金融监督厅强调公正、透明的金融监管，并加强与海外金融检查监督部门的合作。至此，日本建立了统一的金融监管体系，职能专一且政策透明度高。

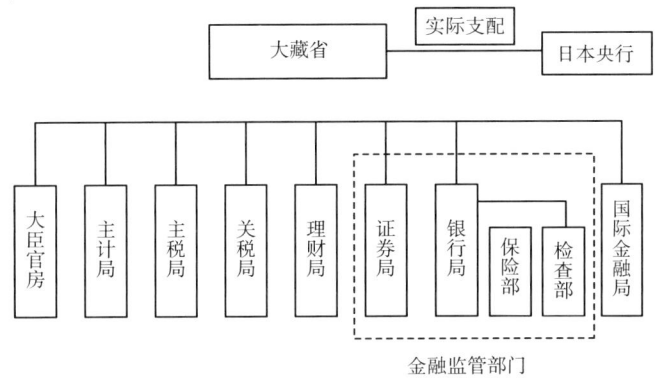

图 4-22　日本大藏省组织结构图

数据来源：联讯证券、人保资产宏观与战略研究所。

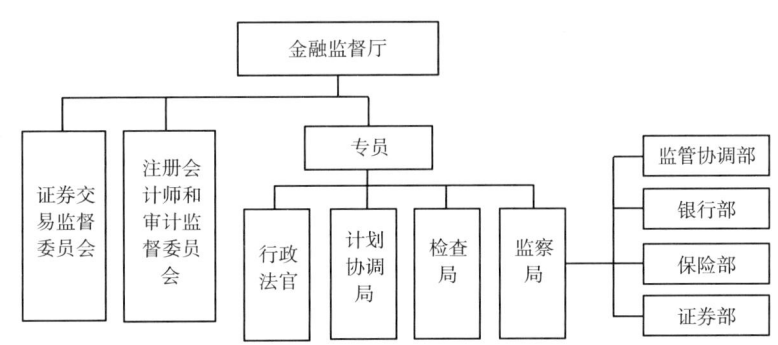

图 4-23　日本金融监督厅组织结构图

数据来源：人保资产宏观与战略研究所。

目前，日本金融监管的主要机构是金融厅和日本央行。金融厅专注于对不合规机构实施处罚、停业整顿等措施；央行则更关注系统性风险的监控和政策建议。金融厅和央行既有分工又有合作机制，这一特点在 2008 年次贷危机时表现出较强的政策协调性和有效性。

②推动一系列市场化改革，多领域放松管制。第二次世界大战后日本形成了一系列有自身特色的经济发展制度，比如融资以银行体系为主导和终身雇佣制等，这些制度既是二十世纪六七十年代日本经济腾飞的重要助力，也

是八九十年代经济转型的障碍。事实上,泡沫经济破灭后,日本政府已经意识到,要想使经济从长期萧条走向自主回升,还要推进市场化的结构改革。为了使日本及时转型为政府较少介入的经济体系,政府推行了一系列市场化改革措施,在多个领域放松管制,以期增强企业活力、促进自由竞争。

1995年3月,日本出台《规制缓和推进计划》,在金融、房地产、交运和通信等11个领域进行市场化改革,制定1 901个放松管制项目;1996年3月将放松项目增加到1 797个。1997年3月,进一步完善《放松规制推进计划》,并重点将经济结构转型作为放松管制的目的。1998年3月,日本再次出台《放松规制推进3年计划》,最终放开了917个市场化项目。虽然这些改革措施在多重因素影响下进展缓慢,但市场化的改革方向是值得肯定的。

③坚持实施科技立国战略。第二次世界大战后,日本长期重试科学技术的发展并确立"科技立国"战略。20世纪90年代,为了追赶"知识经济"时代的步伐,日本政府又将"科技立国"战略注入了新的内容,提出了"科学技术创造立国",决定与善于模仿的旧日本告别。基于"科技立国"理念,日本政府进行了多种举措。第一,加大政府科研投入。即使在20世纪90年代经济不景气的情况下,日本的R&D投入强度也保持在2%以上。第二,强化人才培育。日本学术振兴会、科学厅相继设立了"独创性个人研究培养制度""科学技术特别研究员制度"和"产业科学技术研究开发制度",培养了大批有创新精神的人才,为日后高新技术产业的蓬勃发展奠定了基础。第三,鼓励并扶持企业参与科研。日本政府通过法律、税收、金融等手段助力民间企业的科研活动。目前,日本由企业投入的研发经费总体规模大于政府,占总体研发经费的七成以上;同时,企业技术创新呈现多元化的特点,民间企业已是日本科技创新的主力。

可以说,正是由于"科技立国"战略的坚持和实施,崩溃的泡沫经济没有动摇日本的经济根基。图4-24显示,2016年日本R&D投入强度超过3%,PTC专利申请量占全世界的20%,分别位列世界第三(仅次于以色列和韩国)和第二(仅次于美国)。坚实的教育和科技基础,成为日本产业升级的原动力。

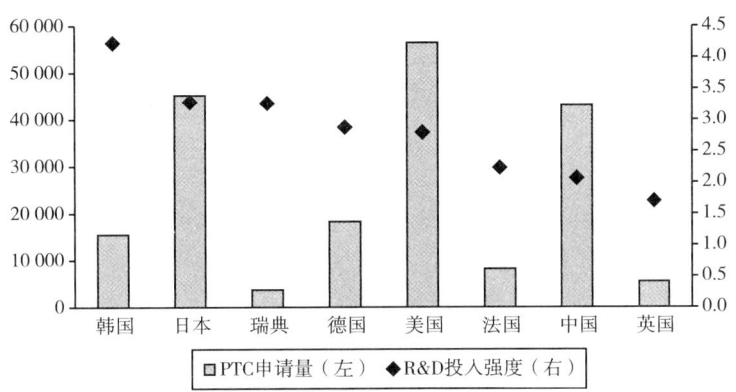

图 4-24 2016 年主要国家 R&D 投入强度和 PTC 专利申请量

数据来源：Wind 资讯、人保资产宏观与战略研究所。

（2）日本宏观政策的失误与教训

①对银行不良债权的处理不及时、不到位。1990 年资产泡沫破裂后，以银行为主导的金融体系出现大量不良债务。为了避免不良债权危机造成连锁反应，许多日本官员极力建议国家财政注资救助金融机构。然而 1990~1996 年政权更迭频繁（如表 4-6 所示），政府对金融机构的救助经历了"推诿、拖延、维持、救助"的过程。一方面，救助计划一再拖延，直至 1995 年住宅金融专门公司的不良资产问题爆发，危机已经发展至不得不管的境地，日本政府才首次投入财政资金 6 850 亿日元予以救助。另一方面，对不能偿还债务的金融机构实行保护，存款人和股东均不承担损失，由政府指定的特定机构并购实质性破产的银行，暂时拖延金融机构破产潮的爆发。因此在危机初期，日本政府并未及时注资对金融机构进行救助，也没有采取实质性改革措施对金融体制加以完善，最终导致的结果只能是积弊日深、风险后移。表 4-7 显示，从 1994 年起，部分金融机构破产事件开始发生；1997~1999 年，破产银行越来越多，破产潮集中爆发。

金融体系是实体经济的血液。不良债权问题使得金融机构的造血能力下降，金融功能弱化加剧了经济的萧条，而经济长期不景气又会增加处理不良债务的难度。所以说，需高度重视金融问题在经济结构调整中的作用，而日本对不良债权问题的一再拖延成为经济增长的制约。

表4–6　　　　　　　　1989~1998年日本首相执政时间

首相	就职日期	执政时间
宇野宗佑	1989/6/3	2个月
海部俊树	1989/8/10	15个月
宫泽喜一	1991/11/5	21个月
细川护熙	1993/8/9	9个月
羽田孜	1994/4/28	2个月
村山富市	1994/6/30	18个月
桥本龙太郎	1996/1/11	22个月
小渊惠三	1998/7/30	20个月

数据来源：人保资产宏观与战略研究所。

表4–7　　　　　　　　1994~1999年破产金融机构一览表

时间	破产机构
1994年12月9日	东京协和信用组合、安全信用组合
1995年8月1日	宇宙信用组合
1995年8月30日	兵库银行、木津信用组合
1997年11月17日	北海道拓殖银行
1997年11月24日	山一证券
1997年11月26日	德阳城市银行
1998年10月23日	日本长期信用银行
1998年12月13日	日本债券信用银行
1999年4月11日	国民银行
1999年5月	幸福银行
1999年6月	东京相和银行
1999年8月	纳密哈亚银行
1999年10月	新泻中央银行

数据来源：《日本经济泡沫兴败及其对中国经济的启示》，人保资产宏观与战略研究所。

②未及时推动"新经济"转型，错失发展机遇。世界经济在20世纪90年代

后进入信息时代。美国抓住有利时机,借助"信息高速公路"战略,在信息领域走在世界各国前列。泡沫经济破灭后,日本制造业占比的下降以及经济的持续低迷同样说明,日本的产业结构不符合信息时代经济发展的内在需求。从国际分工角度来看,一方面,在高新技术领域和技术密集型产业方面,日本竞争力弱于美国等发达经济体;另一方面,在传统工业和劳动密集型成业方面,日本又面临韩国、中国台湾等新兴工业国家和地区的挤压。直至2000年7月,第二届森喜朗内阁开始重视信息产业的发展并专设"IT当担大臣"官职;2001年,日本出台《IT基本法》,"IT立国"写入了国家战略,但此时日本已经在信息技术时代落后太多。2000年,日本的互联网普及率不到30%,低于高收入国家的平均水平,也低于美国、韩国以及新加坡等信息化程度较高的国家。总之,20世纪90年代由于未能准确把握经济发展和产业转型的方向,日本经济丧失了绝佳了经济复苏良机。

③市场化改革未能深入推进。正如前文提到的,泡沫经济破灭后,日本政府已经意识到市场化改革的重要性。中曾根内阁在20世纪80年代中期制定"行政改革大纲",推行了一揽子改革措施,特别是泡沫经济破灭后,政府在经济领域放松管制,并在行政、财政、金融、社会保障以及教育等多个领域推行改革措施。但总体来看,大部分改革进展缓慢、不够彻底,效果也远不及预期。一个显而易见的直接原因就是改革的阻力大。在日本长期形成的"政治家—财界—官僚"铁三角模式根深蒂固,政府希望改革,但可能触及利益集团的利益,有实力的国会议员从中作梗,便构成了改革的阻力。最终由于日本政府缺乏打破原有体制的魄力,市场化的改革未能深入推进,成为日本经济持续低迷的重要因素。

总体看,由于宏观经济政策失误以及经济社会体制的弊端,日本经历了"失去的十年",但经过一系列金融体制和市场化改革,不良债权得以处置,实体经济领域管制减少,产业转型取得一定进展,加上在科研等方面坚实的基础,日本经济初见曙光。日本经济在2002年2月至2008年2月出现了长达73个月的连续增长,GDP实际增长率虽不足2%,但较20世纪90年代1%的增长水平明显改善。次贷危机之后,2016年以来随着全球经济回暖向好,在外需好转带动下,日本经济景气度再度回升。

4.6 保险资金防范资金空转风险及治理建议

4.6.1 对保险资金运用机构的建议

(1) 保险资金运用应当遵循服务实体经济的原则

保险资金主要来源于权益资本和各项准备金,这就决定了保险资金的运用必须首先服从并服务于保险经济补偿职能的实现,保险资金的运用必须遵循安全性原则。

保险资金运用,从长远看、从战略上看,首先要做好的是对实体经济的投资,只要实体经济这条腿站稳了,虚拟经济这条腿才能迈出去,迈得远。其次,要做好投资实体经济与投资虚拟经济之间的联动,如果两者长期完全脱离,那将酿成某些严重后果。

国务院《关于加快发展现代保险服务业的若干意见》中明确要求发挥保险资金长期投资的独特优势,促进保险市场与货币市场、资本市场的协调发展,支持小微企业和战略性新兴产业发展,也正是基于这样的原则。

(2) 资金运用必须严格遵照监管规定的要求

保险资金不但数量大,并且具有长期性,是稳定证券交易市场的一大力量。发达国家资本市场发展的经验已经表明,机构投资者已经对资本市场产生支配作用,随着资本市场的机构化趋势的来临,机构投资者在投资结构中的比例已经是检验一个国家资本市场是否稳定和成熟的重要标志。而保险公司作为重要地机构投资者参与到资本市场中,就必须严格遵守监管的各项规定。

从国际遏制资金空转引导资金支持实体经济的具体措施来看,出现资金空转苗头,都是通过加强监管来应对的,而且也有很多学者分析认为,各类萧条事件也大概率是因为监管缺位造成的。

(3) 防范外部带来的资金空转风险

各种非理性假设下的经济学理论都认为,情绪或者事件具有传染性。前文研究也发现,市场中的参与者由于各种联系,使得传染成为可能。保险机构在质押式回购市场中,作为机构投资者,应该更加理性,不要被外界情绪所感染,对主要杠杆所在位置的机构,或者传染能力较强的机构应该有所警惕,不要被情绪所传染。

(4) 管理内部面临的资金空转风险

目前,保险资管机构的风险管理手段主要围绕尽职调查和信用评级展开,投资风险量化评价工具的缺失导致风险的识别与衡量过于依赖定性判断和经验决策,容易导致投资决策的盲目性和主观性。建议建立基于风险指标的检测与预警管理,通过体系化的量化指标来精细化分析投资风险并指导投资决策,运用量化手段更好地识别、计量风险,实现投资风险的体系化分析和管理。保险资管机构可以结合各类 VaR 方法,寻找适合机构本身的经济资本计量方法,合理控制各类风险。

(5) 加强内控以便更好的管理杠杆和期限错配

第一,加强内控,要强化风险意识,真正认识到资金空转风险趋于恶化将带来非常严重的后果,才能切实做好防范工作。

第二,加强内控就应当建立好内部的风险预警,追踪检杠杆率和期限错配等问题,进行动态监控。建议各保险机构建立适用于自身的风险预警体系,针对前文分析中可能出现的问题及早做出反应,并且及时地采取解决措施,以此不断改善经营状况。

第三,严格信息披露可以督促保险资金运用机构本身做好定期自查,防范资金空转风险。对于杠杆率和期限错配问题的完善的信息披露工作机制有助于机构内部自我审查以及外部监管和消费者的监督。各保险资金运用机构也要定期不断审视信息披露制度的合理性和具体落实情况,从整体和细节上进行自查,对存在的问题及时进行改进,不断提高信息披露质量。

4.6.2 对保险资金监管机构的建议

(1) 加强监管

陆磊和王颖（2005）曾研究认为，各国的经验和中国的实践都证明保险资金运用与金融体制相关性大，综合国际环境和国内环境可以发现，保险资金运用的保值增值面临巨大挑战，保险公司可能出现保险资金滥用，追逐高风险业务的高收益，需要在监管体制上进行必要的改革。国际经验表明，无论从政策方面还是从信心方面，监管才是最终恢复经济的最重要力量。监管机构、政府机构的地位和作用是非常重要的。因此，建议保险资金监管机构一方面积极督促保险资金运用机构开展风险自查，紧密监控行业性或区域性风险的传导，引导保险资金运用机构向规避风险的方向调整。另一方面，对于监管机构原本监管的重点——资产负债匹配监管不能放松。监管机构应坚定不移地推动保险机构资产负债匹配管理，对不同性质的资金、不同保险公司的资金以及不同保险按产品形成的保险资金实行分类监管，防范保险资金运用机构资产负债错配风险和流动性风险，加强对保险资金运用机构资产配置行为的监管，培植保险公司的持续健康发展的动力。

(2) 扩展量化监管手段

"偿二代"的设计上已经对于保险资金服务实体经济问题做出了引导，其计算因子有利于保险公司投资未上市股权、投资性不动产、无法穿透的未上市股权投资计划和权益类信托计划等，这都是对于保险资金流向实体经济的引导。

在此基础上，一方面，建议监管机构继续设计相关监管体系，引导保险资金更多的流入基础设施债权投资计划等另类投资中，做好资金进入实体经济的顶层设计。另一方面，建议监管机构督促保险资金运用机构建立内部量化风险计量模型，使用更加科学合理的手段来监控风险。

4.6.3 对相关自律组织的建议

情绪、事件以及风险都是会传染的,这就需要自律组织积极倡导行业的自律,科学管理和引导市场预期,降低非理性情绪波动对市场带来的冲击,避免资金空转加杠杆行为引发外部传染。同时,建议自律组织通过对服务实体经济的典型机构、典型模式、典型案例的大力宣传,引导和推动全行业树立以服务实体经济为出发点、落脚点,搭建合作交流平台,提升行业服务实体经济的能力和质效。

4.6.4 对实体经济的建议

(1) 积极发展实体经济

资金空转的形成原因是复杂的,有金融业的问题,也有实体经济自身的问题。要从根本上解决资金空转,关键还是要发展实体经济。实体经济融资主体不能再靠原先粗放的发展模式,要在经营水平、盈利能力、技术创新、科技应用等方面主动转型升级增效,提高企业活力和资金回报率,以引来金融"活水"。

(2) 监管机构协同配合

资金空转不是某一个部门,某一个行业单独面对的问题,而且机构或者行业之间也会收到主观情绪的传染,所以,需要整个社会的联动,而不是某个社会部门的独立努力。比如国际清算银行最先提出来的"风险三角"问题,就是一个经济社会各方面相互影响下,资金空转经济疲软的问题。"风险三角"是指生产率在不断下降,杠杆率在不断上升,宏观经济政策空间在明显收缩的一种情况。这种调控政策空间收缩的问题,也正是资金空转后的一种表现。

我国监管机构也意识到了这个问题,金融业已经成立了协调一行两会联动的机构,来解决监管套利、资金空转等问题。中国人民银行的监管基调是"去杠杆"和"防风险",通过制止资金"脱实向虚""以钱炒钱"以及不合理的加杠杆行为,引导资金支持实体经济,提高金融运行效率和服务实体经济的能力,同时牢牢守住不发生系统性金融风险的底线。保险监管机构也积极鼓励保险机构在创新服务实体经济上下功夫,运用债权、股权、股债结合、证券化产品等金融工具紧紧围绕城镇化和服务民生的国家战略,打通保险资金和实体经济的联系,支持国家重点项目和战略性新型产业的发展。建议以此为契机,进一步加强监管联动,从经济社会各个方面控制好资金空转风险。

第 5 章

保险资金服务实体经济的实践与案例

5.1 保险资金服务实体经济的政策实践

近年来,各部委陆续出台了一系列鼓励保险业支持服务实体经济的政策。具体政策梳理如表 5-1 所示,主要政策如下:

2014 年 8 月,国务院颁布了《关于加快发展现代保险服务业的若干意见》,并在文件中明确指出中国保险业仍处于发展的初级阶段,并不能适应国家经济社会发展的需要。在规定 2020 年保险深度和密度的基础上,国务院要求保险业需积极通过"三农"保险取得支农惠农成效,并充分发挥险资长期投资的特性优势,以股权和债权投资计划为抓手,支持国家和各省市重大工程项目建设,为战略性新兴产业相关公司提供资金支持。此外,文件还允许保险公司开展设立基金管理公司试点和各类专项基金产品,以更好落实完善险资的投资渠道。

2014 年底起,原保监会陆续放开保险公司设立创业投资基金和私募基金的门槛,并进一步规范和引导保险业服务实体的方式。

2015 年,国家发改委联合原保监会发布了《保险业支持重大工程建设有关事项的指导意见》,进一步鼓励险资购买重大工程项目债券和设立投资基金,通过直接和间接的方式推动我国基建发展。同年,原保监会又发布了保险业服务京津冀协同发展的相关文件,引导保险资金为交通等基础设施建设、科技型和中小微企业提供资金支持,抓住京津冀协同发展机遇实现产业升级。

2016 年,原保监会推出了保险业十三五规划,明确以建立现代保险服务业为目标,在保险业自身改革的同时积极介入国家全面深化改革的各个领域,提升保险业服务国家社会发展的能力。

2017 年 4 月,原保监会发布《关于保险业服务"一带一路"建设的指导意见》,明确为险资积极拥抱"一带一路"倡议,参与海外项目投资建设定下了基调和目标。同年 5 月,又发布了《关于保险业支持实体经济发展的指导意见》,引导保险资金通过投资债转股和不良资产处置业务支持供给侧改革、发起金融产品支持军民融合和先进制造业发展、作为受托主体发起设立各类 PPP 计划并放宽相应信用增级等，提升服务实体经济的能力和水平。

表5-1 我国保险资金服务实体经济的政策梳理

时间	出台部门	政策名称
201403	原保监会	《关于保险业对口支援江西省赣州市定南县等原中央苏区振兴发展的指导意见》
201404	原保监会	《保险业服务新型城镇化发展的指导意见》
201408	国务院	《关于加快发展现代保险服务业的若干意见》
201412	原保监会	《关于保险资金投资创业投资基金有关事项的通知》
201501	原保监会，工信部，商务部，央行，原银监会	《关于大力发展信用保证保险服务和支持小微企业的指导意见》
201506	国务院	《批复同意中国保险投资基金设立方案》
201509	原保监会	《关于设立保险私募基金有关事项的通知》
201509	国家发改委，原保监会	《关于保险业支持重大工程建设有关事项的指导意见》
201512	原保监会	《关于保险业服务京津冀协同发展的指导意见》
201605	国务院	《关于做好保险业助推脱贫攻坚工作的意见》
201606	原保监会	《保险资金间接投资基础设施项目管理办法》
201608	原保监会	《中国保险业发展"十三五"规划纲要》
201704	原保监会	《关于保险业服务"一带一路"建设的指导意见》
201705	原保监会	《关于保险业支持实体经济发展的指导意见》
201705	原保监会	《关于债权投资计划投资重大工程有关事项的通知》

数据来源：新闻整理。

5.2 保险资金服务实体经济的基本途径

与其他金融资本相似，保险资金本质上也需要追求相对风险收益最大化，并遵循构建多元化投资组合以达到分散风险目的这一原则。不同的是，保险资金的大规模、长久期特性意味着金融市场无法完全容纳其体量和要求，因此保险资金必须从实体经济中寻求投资机会。从标的分类来看，大体可分为单体项目投资、公司直接投资两大类（见图5-1）。

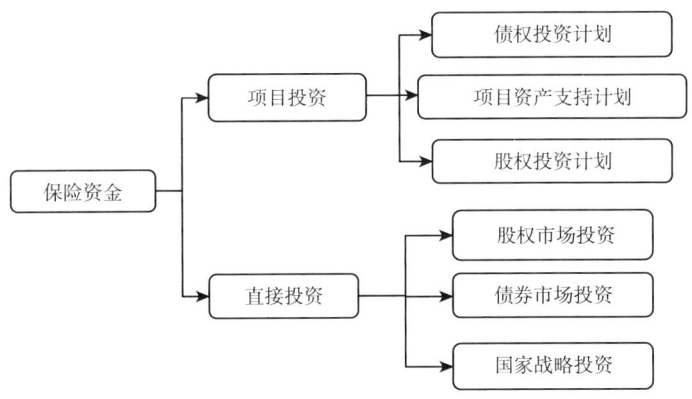

图 5-1 保险资金投资计划分类

5.2.1 单体项目投资

单体项目投资是指险资以实体经济中某个项目为标的（如高速公路、发电站、各种工程承包等）并投入资金参与该项目的建设。其收益来源或为部分工程建设结账款项（BT 模式，投资期限较短）、亦或为项目运营过程中带来的持续现金流赋予的高额"分红"（BOT 模式，投资期限较长）。

从投资形式上，单体项目投资又可分为债权投资计划、项目资产支持计划和股权投资计划三种产品。债权投资计划是指保险公司通过向项目融资方提供资金获得相应债券，而融资方则按照约定支付相应利息并按时兑付本金。该类计划的基础资产主要分为基础设施建设和不动产（棚改、保障房等）两大类，一般要求具有 5 亿元以上的资金规模和 3~10 年的投资回收期；项目资产支持计划是指以标的资产产生的现金流中的一部分作为投入资金的偿付支持，即通过计划设立直接参与项目建设并取得其相应的收益份额，而非向融资方提供资金；股权投资计划是当前政府全力推行的 PPP 公私合营模式的产物，即保险公司出资与政府共同成立城市基础设施建设相关主体公司并取得相应股权，之后在投资期内获得相应基建设施运营带来的投资回报（投资期满后或由第三方回购股份并退出）。与项目资产支持计划一致，PPP 模式同样需要项目运营能够产生持续现金流，但该模式可以有效将政府与企业利益绑定在一起，在扩大项目丰富度的同时提高了经营和监督效率。

5.2.2 直接投资

通常认为，直接投资是指保险公司不依托于项目形式，直接将保险资金投入目标领域以获得回报，并有效与单体基建类项目投资形成互补。直接投资主要有以下三大类：

第一是企业股权投资。一方面，保险资金可以通过参与二级市场公司的公开、非公开定向增发以大量获得标的公司股权，同时获得公司的股利分配和股票增值潜力。近几年来，保险公司入股上市公司的情况屡见不鲜，一些绿色和高科技公司由于业务的高成长性、抗周期性以及自身对于资金的极大需求，成为保险资金的主要目标和入股对象。另一方面，保险资金可通过设立上述创投基金，并通过参与各轮融资将小部分资金配置到拥有高新技术等核心资源的初创类公司，在帮助小微企业发展的背景下获得其巨大的成长收益。

第二类是债券市场投资，包括利率债、政策性金融债和企业信用债等。作为最安全的投资品种和庞大的发行体量，以长期国债为代表的利率债是各大保险公司重点配置对象。此外，保险资金也会寻找机会买入一些资质较好、债券价值被低估的公司的信用债以获取更多的安全收益。

第三类是定向直接投资，包括区域性的支农惠农保险方案设计和产品开发、精准扶贫工作的推进实施，以及针对小微企业的普遍性融资机制设计和相应贷款支持等。该类投资并不以高额回报为主要目标，是保险资金积极响应国家号召并服务社会和实体经济的具体体现。

5.3 保险资金服务实体经济的典型案例

我国保险资金服务实体经济主要有债券投资、股权投资、直接投资、民生投资四个主要渠道，本小节将通过具体案例对这四个渠道予以分析，选取的案例包括保险资金参与南水北调工程、北京地铁 PPP 计划、国家"一带一路"倡议、中国联通混改、精准扶贫等。

5.3.1 保险资金通过债权投资计划服务实体经济的案例

由于顶层政策设计以及投资渠道的限制，最初保险公司往往通过发行债券投资计划向具有价值的基建工程类标的项目展开融资。该类计划往往拥有政府支持及其信用背书，且以未来相关财政收入和项目收益为主要还款来源（类似于债券付息）。此外，大多数债权计划会基于基准利率设定每期的应还融资额或约定保底利率等有利于保险资金管理的融资条件，以解决保险公司的后顾之忧。其中，最值得介绍的是由国务院南水北调办与太平资产管理公司共同签署的三期"太平资产——南水北调工程债权投资计划"。

（1）太平资产——南水北调工程债权投资计划简介

作为国家级战略工程，南水北调工程的设想源起于 1952 年。后方案经不断完善设计以及相关可行性论证检验，于 2002 年正式获得国务院批复并开始动工。目前，该计划包括三条东、中、西方向的输水干线，其目的是将我国东南部各省丰富的水资源运输至水资源较为匮乏的东北和西北地区。截至目前，该工程规划总长度达到 4 350 公里，且东线、中线一期工程已分别于 2013 年、2014 年正式通水，实际总投资超过了 2 000 亿元，可以说是我国规模最大的非营利性国家级战略工程之一。

保险资金的具体参与方式为由太平资产牵头，中国人寿、人保等 20 多家保险机构参与的三期"南水北调专项债权计划"合计投资达到 550 亿元（其中，一、二、三期的募集金额分别为 50 亿元、100 亿元和 400 亿元），占已完成工程投资额超过 20%，且占（2011 年）保险行业所有债权投资计划总规模的比例接近 1/3，可以说极大助力了实体工程建设，且具有相当大的社会影响力。

（2）保险资金成功助力南水北调工程的原因

一方面，政府极大的融资需求。南水北调项目融资规模巨大，且需全部完成建设后才有相应的现金流入。然而，由于项目的惠民属性，其本身并不能产生现金流，融资额则主要来源于后续年度征收的国家重大水利工程建设基金及其他财政资金的偿还，因此存在非常大的期限错配问题。此外，当2008年国务院批准东线、中线一期工程时正值次贷危机全面蔓延之际，而当时相对偏高的贷款利率和（固定收益类）金融产品发行利率极大抬升了项目的融资成本。因此，正是在寻求较低融资成本的大规模资金背景下，保险资金成为了最佳选择。事实上，根据相关信息披露，一期签署时约定的融资利率均须相比央行基准贷款利率下浮10%~15%水平（后取消该条款，项目利率享受银行同等贷款利率条件），可极大节省融资成本并缓解了相应的财政压力。

另一方面，从保险资金投资的角度，南水北调工程具有较好的投资价值。首先，2010年银行存款占保险资金投资比例超过30%。尽管项目融资利率相比贷款利率较低，但仍远高于存款利率，且约定投资期限均低于10年，因此从理性角度更应选择南水北调项目进行投资。其次，项目安全边际较高。南水北调工程由国务院牵头，且以国家财政资金为支持。而据有关新闻披露，保险资金的本息在20余种情景假设下均能够得到有效保障，因此项目利率等同于无风险利率，可以说是极优的投资标的。最后，尽管项目利率存在波动，但双方约定在二、三期中设定了"5%"的利率下限，因此有效避免了以货币政策为代表的宏观政策对于利率的扰动。在理想情况下，太平资产及相应的保险投资方将于债权计划到期日之际获得约250亿元的债息收入。

（3）保险资金成功助力南水北调工程的经验

"南水北调债权计划"作为保险资金服务实体经济的典型案例，具有重要的借鉴价值与指导意义。

其一，项目开创了商业保险公司与政府合作的先河，并将保险资金大规模投入国家重点战略和民生工程以支持服务实体经济发展，可以说具有极强的示范效应。在此之后，众多保险公司纷纷尝试通过债权计划服务实体经济，例如太平资产建立了与世博会建设相关的投资计划、平安保险投资铁路建设等。此外，债权计划是PPP模式的雏形，也对目前PPP模式的快速健康发展起到了很好的早期示范效应。

其二，项目有助于保险公司拓宽资产管理渠道。在实际操作过程中，太平洋保险除了以自有资金投入并联合其他保险机构参与投资计划外，还创新性地面向社会公众发布了南水北调相关全能保险计划及相应的保险产品，在极大丰富了保险类金融产品的同时也让社会大众充分享受到国家级项目带来的回报收益，深层次参与投资计划。

其三，项目为保险行业带来了极强的社会影响力。南水北调工程是一项涉及国民经济建设和国家长远发展的重要工程，因此在满足保险资金投资特点的基础上积极参与该类项目是保险公司积极践行社会责任、服务国家人民的最好体现，得到了社会大众的高度评价和一致认可。此外，有助于提升保险公司的品牌和行业竞争力，进而吸引到更多保费收入以及资金，有助于实现险资的多元化配置。

5.3.2 保险资金通过股权投资计划服务实体经济的案例

在新形势下，为了更好对项目可行性进行检验识别，在此基础上完成融资并节约相关费用成本，以PPP模式（政企合作）为代表的股权类投资得到了政府的大力支持并逐渐兴起，成为保险公司参与中长期基础设施实体经济建设新的重要途径。除了保险资金本身所具有的较长久期性与较大的资金供给和基建类项目本身的较长投资期限及资金需求特点彼此契合外，股权类投资还能有效提升投资方的话语权，并有助于进一步以参与方组合成战略联盟的形式对项目及其相关利益主体进行协调。

下面，将结合北京地铁16号线复合型PPP模式以及保险公司集体以中国保险投资基金形式参与"一带一路"建设这两个案例，对当前保险公司通过股权投资计划服务实体经济的情况进行详细介绍。

（1）保险资金参与北京地铁16号线复合型PPP计划的经验

①北京地铁16号线复合型PPP计划简介。北京地铁16号线从丰台区延伸到海淀区，是规划中一条横贯北京市南北向的主骨干线，对于缓解交通压力具有十分重要的意义。截至目前，该条线路已于2016年底开通"北安河—西苑"段，其余站点尚在建设中。根据相关信息披露，16号线项目总投资约474亿元，而其创新之处在于：该项目以入选2014年5月国家发改委公布的"首批80个鼓励社会资本参与建设营运的示范项目"名单为契机，充分重视并鼓励民间资本参与项

目建设及运营。

在实际操作过程中,在京投公司的牵头设计下,该线路采用了复合型 PPP 融资模式,即完全将项目建设股权融资与运营分离。该模式类似于证券市场中的分级基金模式(A 类固定收益 + B 类浮动收益,等同于通过 A 类资金加杠杆),项目投资方不参与实际经营管理,仅享受较低的股权投资收益(相比同期银行存款较高)以获得稳定的现金流,而期末京投公司按照原值回购所有股份;项目运营方则在出资的同时获得经营权,在承担运营风险的同时可以获得较高的投资收益。

具体来看,北京地铁 16 号线依照上段极少分为"股权融资 + 特许经营"两个部分,其中股权融资有两个参与者:中再资产管理公司投入 120 亿元作为公司资本金,其余资金由京投公司出资入股。

中再资产隶属于中国再保险集团有限公司(目前国内唯一一家再保险公司),其业务范围就是将保险公司自有资金以及社会募集资金投资到实体经济中,产品包括股权类资管产品以及基础设施、不动产、股权、ABS 等各类投资计划,可以说充分承担了资金"脱虚入实"的桥梁作用。根据公司网站披露及分析,120 亿元中有 50 亿元来源于保险资金,剩余 70 亿元来自于"中再——北京地铁十六号线股权投资计划(一期)"这款向社会公开募集的资产管理产品,期限为十年,评级达到 AAA 级,因此具有较高的安全评级以及极强的项目试点意义和社会示范效应。

②北京地铁 16 号线复合型 PPP 计划的启示。通过这种复合型 PPP 模式以及引入以保险资金股权投资为代表的各类社会资本,参与北京 16 号线地铁建设的各方主体均从中得到了极大的好处:

其一,对北京市政府来说,建设一个轨交类项目需要在前期投入大量的资金,但投资回报期往往长达 10~20 年,且地铁项目运营具有较高的专业性要求(体现在日常管理及设备维护更新等方面),因此鲜有社会金融资本具有相关投资意愿,进而对政府融资提出了更高的要求。同时,尽管在 PPP 模式下,政府可通过与企业的共同出资缓解部分财政压力,但单体融资规模较高以及传统 BOT 模式下现金回收较慢的根本问题依旧无法解决。

其二,对于京投公司来说,基于将工程建设和项目运营的分离,京投公司成功在两个环节引入了具有不同投资需求的多方社会资本,且可以充分借助保险资产管理公司渠道进行融资,从而有效缓解短期大额财政压力。

其三，对于以中再为代表的保险公司而言，其与京投公司约定的股权回购协议以及一定的固定投资收益是对于险资本金极大的保障，同时项目横贯南北方向的线路设计构成了北京市居民极大的出行刚性需求并进而带来与之相应的现金流收入，完全契合了保险资金的投资需求。

总的来说，相信随着未来创新PPP模式的不断涌现，会有越来越多的保险公司通过各类股权投资计划和PPP渠道参与到我国的绿色基础设施以及生态环境建设中，从而实现将险资导入实体经济发展的根本目标。

（2）保险资金积极践行国家"一带一路"倡议

"一带一路"倡议及其已取得的一系列成果已经引起了国内和全世界的强烈反响和共鸣。在2017年5月举行的"一带一路"国际合作高峰论坛上，习近平总书记再次表示将向丝路基金新增人民币1 000亿元，并针对加强政策沟通、设施联通、贸易畅通、资金融通、民心相通的"五通"建设提出了更高、更全面的要求。其中，以基建为代表的互联互通和产业合作是中短期的重点建设领域。对于中国保险业而言，积极服务对接"一带一路"倡议既可以拓宽传统的基础设施建设投资标的，为险资找到安全稳定且收益较高的合适项目，又可借助该契机积极拓宽境外市场，为未来进一步的境外保险推广和扩大资金运用和投资空间打下坚实的基础。

2015年12月，在国务院于同年6月批复同意设立中国保险投资基金的基础上，由27家保险公司、15家保险资产管理公司以及4家社会资本作为股东单位出资设立的中保投资有限责任公司（其中险资股权占比超过80%）正式成立，同时发行了一期总金额达到400亿元的投资基金产品并全部投入"中保投－招商局轮船股份股权投资计划"。具体的运营模式如图5－2所示。

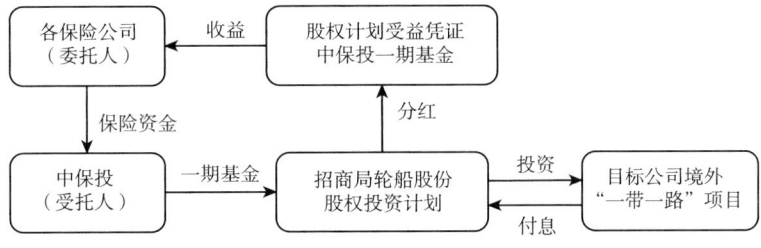

图5－2 中国保险投资基金"一带一路"项目股权投资运营模式

根据新闻和文件披露，该计划将直接用于投资轮船招商股份公司的境外"一带一路"项目，主要用途是项目收购和建设，拟投资具体标的有：土耳其昆波特码头、非洲吉布提自由港和斯里兰卡科伦坡港的港口建设，以及位于俄罗斯亚马尔的液化天然气运输项目的管道线路投资。具体投资项目如表 5-2 所示。此外，作为我国境外实业投资的早期探索者和"一带一路"建设的先行者，轮船招商股份公司及其母公司拥有强大的项目储备资源，能够为规模巨大的险资提供巨大且丰富的项目储备。同时，公司丰富的境外港口服务、能源运输和物流租赁运营经验也能够为后期投资计划获得稳定持续的高额现金流提供支持保障，而保险公司提供的各类信用或增级保险也能有效分散项目实施风险，实现多方共赢。

表 5-2　　招商局轮船股份公司拟投资"一带一路"境外项目储备列表

项目名称	内容及意义
土耳其项目	收购"一带一路"沿线新兴经济体港口
欧洲项目	收购欧洲成熟港口，打通海上丝绸之路经济带
CLNG：亚马尔项目	增资俄罗斯 LNG 项目，为"一带一路"发展提供能源保障
投资收购 VLOC	收购投资 40 万吨超大型矿砂船，提供资源保障
国外修船及海工基地布点	把握投资机会，布局海外修船业务的支点
投资中墨能源	设立投资能源基金，布局海外资源

数据来源：新闻整理。

可以说，中保投与轮船招商局的第一次联姻合作具有极强的示范意义。一方面，招商局通过引入保险资金资源缓解了自身的资金成本压力，有助于境外业务快速扩张，并同时带动"一带一路"沿线基建的建设进度；另一方面，保险公司也规避了境外投资业务不熟悉和项目运营经验匮乏等问题，能够借助招商局之力占得"一带一路"建设的投资先机。2016 年 11 月，在第一次合作的基础上，双方再次共同发起设立高达百亿元的清洁能源和仓储物流股权投资基金，投资方向为光伏发电和仓储物流建设，进一步支持服务国家产业政策和能源结构升级目标。未来，随着 3 000 亿元目标资金的逐渐到位，以中保投为代表的保险产业定能为"一带一路"项目的基建建设、服务运营和深层次合作做出更大的贡献。

5.3.3 保险资金通过直接投资的形式服务实体经济的案例

近年来,保险公司在减少存款、债券类投资的同时积极引导险资增大对于实体经济的投资,尤其是对高端制造类、节能环保类、医药生物类等新经济产业的支持力度逐年提升,并通过企业并购、入股(控股)上市公司等形式,在服务实体经济的同时实现险资的保值增值和相对高收益率。

(1) 保险资金参与中国联通混改的案例简介

2017 年 8 月 20 日晚,随着中国证监会表态对中国联通披露的非公开发行股票比例超过 2017 年 2 月 17 日颁布的再融资新规中所要求的 20% 上限事项作为个案处理并适用修订前的规则,这桩自新一轮国企改革以来推出的最大规模混改模式(定增加老股转让共计约 800 亿元资金)、也是当前唯一在央企层面引入各类战略投资者的试点企业方案终于有了定论。

作为 2016 年 9 月国家发展和改革委员会划定的国家首批混合所有制改革试点企业,中国联通本轮披露的混改方案远超出了市场预期,不仅引入了腾讯、阿里、京东、百度四家当前中国本土最火的高度市场化的高新技术公司作为战略投资者,联通集团还将自己的持股比例降到 36.67%,从而打破了国企改革必须保持绝对控股的误解。值得注意的是,作为国内保险业龙头公司之一的中国人寿成为了本轮联通混改引入战略投资者的最大单一出资方,共计投入 217 亿元,占股比例高达 10.22%,体现出极强的魄力和决心(见图 5-3)。

(2) 保险资金参与中国联通混改的经验

中国人寿入股中国联通,既具有战略投资价值,亦有助于实现业务上的互补合作。

一方面,从本轮定增募投项目来看,联通在计划使用 500 亿元资金用于 4G 升级之外,还将投入 217 亿元用于"5G 组网技术验证、相关业务使能及网络试商用建设项目"。在国家大力推进 5G 建设、争做全球 5G 先锋并争取在 2020 年前将 5G 投入商业化运营的大背景下,中国联通加码 5G 建设无疑具有很高的潜在成长性。

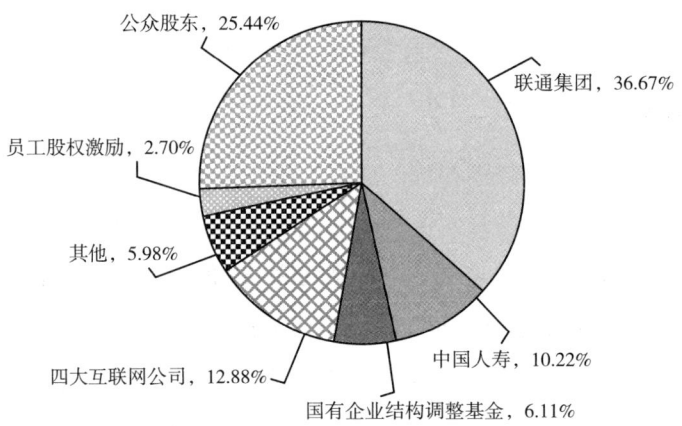

图 5-3 混改完成后中国联通股权结构

数据来源：新闻整理。

另一方面，对于中国人寿而言，这种思路清晰、现金流稳定且具有极强抗周期性的商业模式将极大丰富其资金的多元化配置。此外，中国人寿和联通均为国内家喻户晓的品牌企业，双方在客户群体和市场资源等方面均具有极高的重叠性，未来有望通过传统的保险和电信业务互联互通和共同开发产业互联网、移动端支付等新兴技术形成极大的互补性和业务共赢。

事实上，国企普遍具有公司规模大且成熟、主营业务稳定且投资期较长、国家资源和支持力度强等特点。这也与险资的投资特性相一致。此外，在已大量通过债权、股权投资计划支持基建和保障房建设等单一项目的基础上，直接入股拥有上市公司平台的集团型国企并成为股东无疑是一种非常合适的多元化资金配置方式，国企定期支付的股息和股票的成长性机会将有助于提升险资整体的运营效率和价值创造能力，对于公司整合投资产业链和资金的久期配置策略均大有裨益。

5.3.4 保险资金通过精准扶贫服务实体经济的案例

近年来，保险全行业积极响应国家号召，践行社会责任，在精准扶贫领域形成了一批可推广、可复制的典型经验和模式。2017年2月，中国保险行业协会发布了首期"保险扶贫先锋榜",经过层层筛选评选出40个扶贫优秀案例。其中,中国人民财产保险股份有限公司选送的"金融扶贫、保险先行——河北阜平保险精准扶贫模式"是金融精准扶贫模式的典范。

(1) 保险资金参与河北阜平县精准扶贫工程简介

河北省阜平县隶属于现今的保定市,是抗日战争时期中国共产党创建的第一个敌后抗日根据地,因此是一个具有红色基因的革命老区。与国家其他贫困县类似的是,阜平县呈现的主要特点是老区、山区、贫困地区的"三区合一"。尽管全县的区域面积达到了2 496平方公里,但由于地处太行山区,因此土地贫瘠(耕地面积仅为21.9万亩,不到全县面积10%;人均耕地面积仅0.96亩),而且交通等基础设施建设较差、特色农产品稀少等现实原因又导致投资意愿不高、产业基础薄弱。

由于地理位置和气候原因,阜平县一直是国家级贫困县。2014年,全县约有10.8万人口收入水平位居全国贫困线之下,约占总人口比例接近一半,因此扶贫工作十分艰巨。2013年元旦前夕,习近平总书记专程调研了阜平县,并在慰问老区困难群众,考察扶贫开发工作的同时,为阜平脱贫发展指明了方向,以前失败的养羊种树产业被作为此次脱贫的主要思路。借助这个难得的契机,阜平县政府积极贯彻习总书记的精神要求,并酝酿得出了"金融扶贫、保险先行"的金融扶贫思路,并在前期实地调研的基础上引入了中国人民保险集团(下简称"人保")作为主要保险参与方,积极通过金融手段助力农业生产与精准扶贫相关工作。

(2) 保险资金参与河北阜平县精准扶贫工程的经验

"人保-阜平"金融扶贫模式的主要特点可归纳为"生产支持保障+再生产资金融通"。在保障生产方面,人保积极推行基于各类农产品标的政策性农业保险,此外还结合阜平当地农业种养特色和扶贫产业发展方向,针对牛羊、杂粮以及其他经济作物开发了6种县级财政补贴险种和28款扶贫保险产品,有效保障了农户收益。此外,公司还和政府签约推行保费各半、理赔对分的"联办共保"模式,并对节余资金有效管理以不断扩大保险基金规模;在金融支持方面,人保创新启用"政融企户保"模式,基于资金情况、扶贫登记等数据引入支农融资试点业务，为农户提供滴灌式的项目融资、信贷支持和数据信息等综合金融服务，并在此基础上逐渐形成了一条完整的金融扶贫链。

通过近两年对农业保险和支农融资等创新工作的不断探索完善，人保的金融扶贫模式取得了极好的效果。2016年，阜平县7.93万贫困人口成功脱离国家贫困县，并且全县的贫困发生率下降到了14.8%；农业保险实现了全覆盖，并有效规避了农民生产的各类非主观风险；大病医疗险和人生意外险亦针对居民实现了全覆盖；"支农支小"融资取得显著成效，2016年合计为6家农企和12位种养户提供1 924万元的险资支持。

第 6 章
保险资金服务实体经济的国际经验

6.1 美国保险资金服务实体经济的经验借鉴

作为美国金融市场的重要组成部分，保险行业在美国国内经济发展中发挥了重要的金融中介作用，这主要归因于美国较为完善的社会保险体系所积累的大量社保资金。在发挥其金融中介功能的过程中，保险企业投资于资金短缺的企业项目，实现了资金的合理配置，提高了金融运行的效率，从而推动了国民经济的发展。

6.1.1 美国保险资金投资运用概述

美国保险资金分为寿险资金与非寿险资金，基于不同用途，其投资结构也有差异。

（1）寿险资金的投资运用概述

美国寿险资金一直是美国保险资金的重要组成部分，并且每年都能实现稳定的增长，成为美国投资资本的重要来源。从1984年到1994年，美国寿险公司的资产由7 230亿美元增长为1.94万亿美元，而从1994年到2004年总资产已增长为4.5万亿美元。

从表6-1与图6-1中可以看出，美国寿险资金的投资结构按大小比例主要是公司债、公司股票、国债、按揭贷款、共同基金、其他贷款与现金存款。由国债、市政债券、公司债及海外债构成的债券投资始终是美国寿险公司投资的主要构成，这是由保险资金追求安全的收益决定的。与世界其他国家不同的是，公司债券在债券投资中占有较大比重，这是因为美国成熟的证券市场能够保证较好的投资回报。

从图6-2可以看出，近年来美国寿险资金运用情况主要有以下趋势：债券比例一直较高,股票投资比例不断上升,抵押贷款和不动产的投资比例有很大下降,原因主要在于2007年由美国不动产市场引发的次贷危机对于金融行业的深刻教训,因此保险公司普遍下降了对于不动产及各类抵押贷款的投资比例。

表6-1　　　　　　　美国寿险公司资金运用的基本情况　　　　　　（单位:%）

年份	现金及存款	国家债券	市政债券	公司债及海外债	按揭贷款	其他贷款	公司股票	共同基金
2004	1.29	21.09	0.73	42.52	6.62	2.85	25.52	2.77
2005	1.10	21.13	0.75	41.94	6.56	2.82	26.70	2.51
2006	1.20	19.66	0.78	38.90	6.48	2.76	29.13	3.18
2007	1.18	18.23	0.84	37.63	6.59	2.94	29.56	3.81
2008	1.83	19.90	0.91	40.74	7.58	3.64	21.43	3.43
2009	1.09	22.06	1.52	39.73	6.76	3.18	26.03	2.92
2010	1.00	20.61	2.17	39.29	6.14	2.72	26.54	3.61
2011	1.01	20.59	2.28	39.65	6.23	2.78	25.38	3.46
2012	1.00	19.30	2.34	38.51	6.13	2.68	26.76	3.59
2013	0.79	17.49	2.37	37.19	6.08	2.57	29.17	3.94
2014	0.82	16.77	2.37	36.81	6.18	2.60	28.88	2.96

数据来源:根据 Insurance Information Institute 发布的报告计算整理。

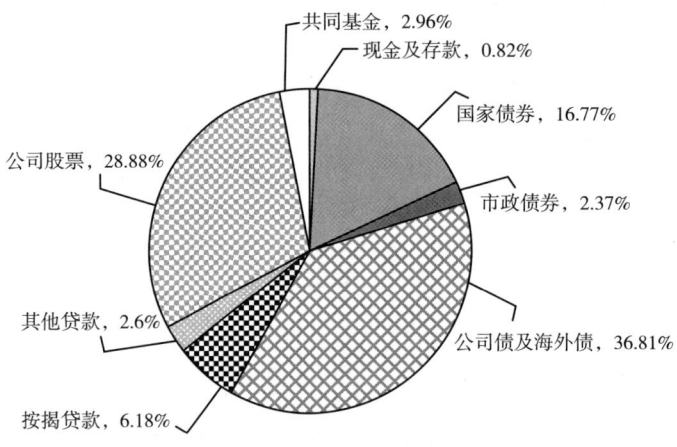

图6-1　2014年美国寿险资金投资结构百分比

数据来源:根据 Insurance Information Institute 发布的报告计算整理。

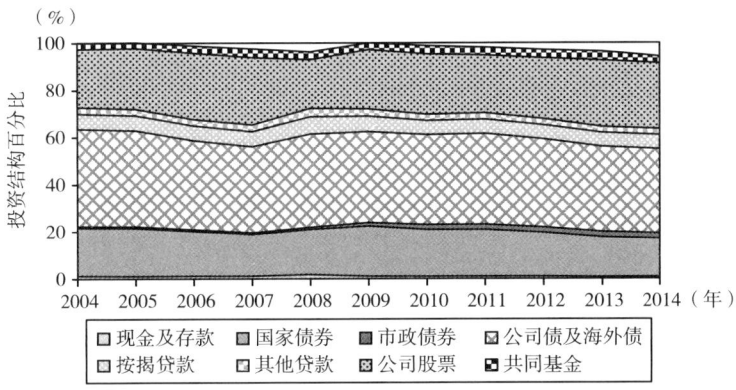

图 6-2 2004~2014 年美国寿险资金运用情况

数据来源：根据 Insurance Information Institute 发布的报告计算整理。

(2) 非寿险资金的投资运用概述

由于非寿险资金与寿险资金的来源不同，导致非寿险资金的投资对安全性、流动性、风险规避都有着不同的要求。由表 6-2 可以看出，非寿险资金的投资结构主要集中于政府债券、公司债券、公司股票、应收贸易账款、现金及其等价物。与寿险资金的投资结构相比，非寿险资金的投资结构中"现金及其等价物""市政债券"所占的比重显著较高。

表 6-2 美国非寿险公司的资金运用情况 （单位：万亿美元）

年份	2002	2003	2004	2005	2006
总金融资产	939.8	1 059.7	1 160.9	1 250.4	1 365.4
1 现金及其等价物	25.9	34.6	25.9	21.0	44.3
2 可买卖短期协议政府债券	44.4	52.8	63.1	68.9	59.3
3 信贷市场工具	558.3	625.2	698.8	765.8	814.7
3.1 美国政府债券	174.4	180.1	183.4	187.1	197.3
3.1.1 国库券	61.2	64.7	71.3	69.2	72.5
3.1.2 政府担保或支持的企业债券	113.2	115.4	112.1	117.9	124.8
3.2 市政债券	183.0	224.2	267.8	313.2	335.2
3.3 公司债券与外国债券	198.9	218.9	245.3	262.8	278.6
3.4 商业抵押	2.0	2.1	2.4	2.7	3.0

续表

年份	2002	2003	2004	2005	2006
4 公司股权	152.3	182.7	201.8	205.3	232.5
5 应收账款	74.8	79.3	79.6	82.1	85.6
6 混合资产	84.1	85.0	91.6	107.3	129.5

数据来源：根据 Insurance Information Institute 发布的报告计算整理。

6.1.2 美国保险资金运用的特点

（1）多元化的保险资金管理模式

现阶段被各大保险广泛采用的保险资金的管理模式主要有三种：外部委托投资（即保险公司委托其他公司进行投资管理）、下设投资管理部门及成立保险资金管理公司。三种保险资金管理模式各有利弊，需要根据保险资金的规模、市场特点进行选择。而第三种专业化的保险资金管理公司模式成为大多数保险企业的选择。

保险公司在进行资金投资选择时并不倾向于选择一种资金管理模式，而是综合多个资金管理模式的优点，实现优势互补，多模式并存。这样一方面可以将自己不擅长的管理品种交由外部投资公司管理，实现专业化管理，同时多种管理模式实现了资金管理的市场化竞争，实现保险资金的专业化与规范化管理。另一方面，多样化的选择形成对外部资金管理公司的竞争压力，降低保险企业进行资金管理的成本，提高了保险资金的利用效率。

（2）严格独立的保险投资监管方式

不同于绝大多数国家对于行业统一或分级监管体系，美国主要依托地方州政府因地制宜对州内保险业务进行独立监管。具体来看，每个州均会设立一个监管保险资金投资的独立部门以保持监管的独立性与自由性。而在此基础上，美国联邦政府也会颁布一些针对全国保险投资的法令，这主要集中在对于险资投资比例的硬约束上。例如，2001年美国颁布了《保险公司投资示范法》，对债券、股票、不动产、保单贷款等投资形式的质量和数量做出了严格的限制，包括：寿险资金对于场内权益类资产（股票）的投资不得超过认可资产的20%，且持有单一公司股票的总金额不得超过认可资产的3%（非寿险则为5%）；险资投资OTC市场相关权益类资产的比例不得超过5%等。通过上述措施和约束，美国保险业在保证险资投资多元化的同时有效降低了风险。

（3）多样化的资金投资结构

由于美国金融自由化程度较高，资本市场有效性较强，使得美国金融市场的投资工具较多，给保险资金的运用提供了更多的选择与组合。正因为如此，美国保险资金的投资工具主要有：国债、市政债券、公司债券、公司股票、抵押贷款、保单贷款、应收贸易账款、现金及其等价物。其中，美国发达的债券市场使得保险资金运用中债券投资的比例一直处于较高水平，而成熟的证券市场以及一贯秉承的价值投资思路更是使得美国保险业投资于公司股票的比例显著地高于同期世界其他国家水平。

6.1.3 美国保险资金服务实体经济的风险防范经验

（1）美国保险资金投资特点及其对实体经济的服务方式

美国保险资金主要投向四个领域，投资收益较为稳健。美国是全球保费收入最高的国家，2014年数据表明美国当年的保费收入占据世界总量的四分之一。在美国，保险资金主要投向四个领域：债券、股票、抵押贷款和不动产、保单贷款。险金的投资组合中，政府和公司债券占比显著，全美保险监督官协会NAIC（National Association of Insurance Commissioners）官网数据表明，截至2012年年底美国保险公司在债券方面的投资接近68.4%；股票投资、抵押贷款和不动产投资占比分别为11.4%、6.6%和0.7%。美国保险资金投资主要投资资金来自寿险，财产意外险居次，总体围绕"依据到期时间和利率风险实施资产负债匹配"的资金运用原则。投资收益率表现呈现稳健低波动的特点，这得益于其多样高效的投资组合和对风险标的的谨慎选择。2010年至2014年，寿险和健康险的投资收益率保持在5%上下,2014年的净投资收益总额达到了10年来的最高水平,同年,财险和意外险的净投资收益上升至3.65%,扭转了数年的下降趋势。

美国在险金运用上以投资实体经济为主,虚拟经济为辅。在债券投资中,有超过六成资金共计约2.13万亿美元流入生产制造、能源、电子通信等实体经济领域;只有一成左右资金流入了金融机构所发债券中。在支持实体经济上,有超过四成资金购买了市政债券,为支持地方基础建设、民生发展提供了有力资金源。而在险金的普通股投资中,58%的投资约合1 400亿美元集中在实体经济的典型领域如消费者产品和医药(见图6-3)。

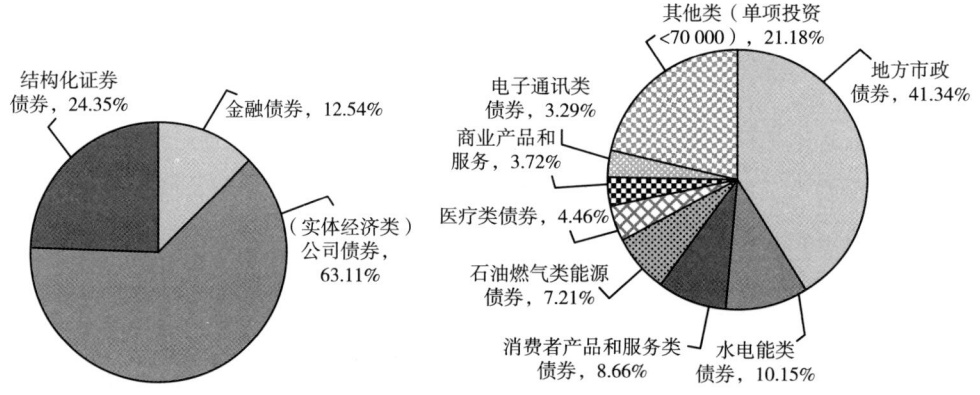

图6-3 截至2010年美国险金债券投资情况

数据来源:NAIC、中诚信国际。

(2) 美国保险资金投资的风险防范机制以及监管制度

金融衍生品对于美国险资防范风险发挥了重要作用。在险金的投资组合中,金融衍生品的运用对于美国险资的风险防范起着不可忽视的作用,人寿保险公司(面临利率风险和股票市场风险)和国际活跃保险集团(Internationally Active Insurance Group,IAIG)(面临汇率风险)都是衍生品市场的高频参与者。抽样调查显示,96%的美国保险公司使用信用违约掉期(Credit Default Swap,CDS)等金融衍生品进行风险对冲。

除使用风险对冲工具外,政府开发了有效的风险评测模型供各州政府使用。其中,风险和偿付能力自测评估模型(Own Risk and Solvency Assessment,ORSA)已被美国多个州立政府采纳和使用,该模型可以识别鉴定保险集团内的短期和长期风险,并判定针对该风险水平所需要达到的偿付能力。为了使风测模型顺利实施,监管方于2012年制定了"NAIC风险管理和ORSA模型实施法案",要求大型保险机构进行ORSA风测评估并将结果反馈给相关州立监管部门。

从监管机构的设置上,美国的保险资金投资面临多级监管,从州立政府、联邦政府乃至国际层面对险金的管理都有约束。多级监管有利于险金投资服务于实体经济的风险防控,多级别把控、互相监督,避免了一方监管的单一制度和单方话语权导致政策风险。值得注意的是,在美国州立政府而非联邦政府是美国保险行业的主要监管方。早期的《麦克卡兰—费古森法》(McCarran – Ferguson Act)明确了各州立保险局负责具体管辖州内部的保险投资活动,负责对区域内的保险投资活动做出差异化的限制。比如纽约州保险法指出,保险公司在普通股、合伙股等方面的投资不能超过其可运用资产的20%,投资不动产的比例不能高于25%。限制化管理保证了险金投资的风险分散,避免投资方式的过度集中导致的高风险,为险金服务实体经济的稳定支撑打下基础(见表6 – 3)。

表6 – 3　　　　　　　　　　美国保险业监管机构

监管机构	监管内容
美国保险监督官协会(NAIC)	设立保险监管的国家标准和实施办法,协调监督各州立的保险监管机构
美联储	监管银行控股保险公司和存贷控股保险公司
州立政府	所有美国保险公司都受到所在州立政府强制监管

数据来源:中诚信根据公开资料整理。

6.2　英国保险资金服务实体经济的经验借鉴

6.2.1　英国保险资金投资特点及其对实体经济的服务方式

英国保险公司投资渠道较为广泛。作为保险业的起源国家,英国的保险业非常发达,英国保险密度与保险深度均处于世界的前列,这使得英国保险资金规模较大。根据瑞再sigma的数据显示,2014年英国的保险深度和保险密度分别为

10.6%和4 823美元/人，而我国在2014年这两项数据仅为3.14%和242美元/人，差距非常明显。英国的保险法对保险资金的运用结构和比例没有限制，即便在2015年英国的保险法做出了重大的变革，但是对于保险资金的运用没有改变，只是在偿债能力上对资产有所限制，比如英国的保险公司在投资单一建筑项目的金额不得超过保险公司资产的5%，但是如果超过了这一限制，那么超出部分的偿债能力则视为0。这使得英国保险资金的投资渠道非常广泛。对于股票投资，其保险资金投资比例一直在三分之一左右，特别是在2008年金融危机之前，曾经高达50%以上。其激进的投资策略，虽然会给保险公司带来巨大的收益，但是长期中保险公司收益的波动性极大。经历过金融危机以后，英国保险资金的策略也开始改变，对股票等证券资产投资开始减少。英国保险资金对海外公司的证券投资比例非常高，有助于分散本国经济周期波动的风险。对其他国家所青睐的债券投资，英国的保险企业却不那么热衷。

  近年来英国保险资金加大了对基础设施建设和中小型企业的支持。一直以来英国的保险资金对实体经济的投入比例相对较少。由于其监管的市场化，导致保险公司投资的自主性非常强，所以对一些直接股权投资，基础设施投资的比例不是很大。但是近些年随着英国的基建缺口逐渐扩大，英国政府也开始重视基建的问题。根据英国保险人协会ABI的报告指出，保险资金正在迎接英国城市基础设施的挑战。保险资金是21世纪英国经济发展的引擎之一，投资住房到能源再到交通。由于保险资金与基础设施的内在契合，所以政府部门通过公共和私人的组织来建立关系去支持基础设施投资建设。近几年，保险公司通过不同的方式对英国的基础设施的建设提供了不同类型的支持。Prudential和Aviva这样的保险公司已经承诺了250亿英镑的基础设施支出，而Allianz正在从阿伯丁到多佛尔投资住房和运输。养老金保险公司在泰晤士河畔隧道投资了1亿英镑。安联GI在推出了第二个基础设施债务基金支持长期基础设施的开拓模式。该公司已经在英国的基础设施项目上投入7.5亿英镑，包括阿伯丁西部周边航线，苏格兰M8公路项目以及北爱尔兰的A1/A4/A5项目。对于中小企业，英国的保险公司也提供了不同类型的支持。英国的保险公司开辟了新的投资渠道——风险创业投资，对高科技、高风险的新兴小型企业进行股权投资。这种投资丰富了保险公司的投资渠道，对创新性企业提供了重要的帮助。比如近些年，Aviva参与了一些具体举措来为创业和扩大业务提供资金，其中包括：为开创新的使用数据分析和物联网的方式资助创业公司的风险投资计划。该基金将在未来五年内提供 1 亿英镑的融资，并已在利兹，伦敦，剑桥，特伦特和盖特威克斯托克等地投资公司。与创始人工厂合作，数字加速器和孵化器，为初创企业提供种子资本和咨询。创始人工厂预计在未来几年将投资 200 家企业。保险公司投资于中小企业的另一种方式是提供资源和专业知识。保险公司为创新型中小企业提供了成功所需的指导、融资等服务（见表 6-4）。

表 6-4　　　　　英国保险资金投资的各类资产占比　　　　　（单位：%）

| 年份 | 流动资产 | 英国政府货币化证券 | 英国公司证券 | | 海外证券 | | 贷款 | 未分类的信托基金和资产 | 英国土地、房地产和新基建设施 |
| | | | 普通股 | 其他 | 公司债券 | | | | |
					普通股	其他	政府债券		
2011	13.76	14.08	15.53	9.62	17.08	8.16	2.18	1.03	15.45	3.11
2012	13.60	13.25	14.90	9.74	17.91	8.42	2.43	1.04	16.04	2.67
2013	13.92	12.93	15.14	8.80	19.13	7.90	2.39	1.01	16.22	2.55
2014	15.23	13.68	13.75	9.16	19.66	8.18	2.42	1.03	14.23	2.66
2015	15.18	13.75	13.13	8.86	19.68	8.39	2.56	1.05	14.68	2.74

数据来源：中诚信根据公开资料整理。

6.2.2　英国保险资金的风险防范机制以及监管制度

金融危机后英国加大了对于保险业的监管。由于在 2008 年的金融危机中，英国遭受到了巨大的打击。英国政府经过反思，认为英格兰银行、金融服务局（FSA）和财政部共同监管的体制，导致了英国的金融受到了冲击。于是英国出台了《2012 年金融服务法案》，英国在 2013 年撤销了布莱尔时代设立的金融服务局（FSA），将其拆分为二，新设立行为监管局（FCA），审慎监管局（PRA）。FCA 继承了以前 FSA 的监管职责，比以前的 FSA 要更加的严厉。根据 FCA 的客户资金管理条例，FCA 授权的投资公司，需要将所有客户资金与公司的资金分开，并将客户资金放置到同样授权和监管的托管银行的隔离客户账户中。客户资金不能用于或借给其他债权人或用于公司自己的业务。

监管的变化带动了英国保险资金投资渠道的拓展。从英国保险资金的投资模式和监管模式可以看出，即便英国保险资金的投资已经非常专业化，但是在面对一些意外的冲击时,其投资的波动性很大,这也导致英国保险资金的投资配置上出现了改变。随着近些年英国经济增速放缓,需要提振本国的经济,开始重视基础设施相关投资。其自由的监管方式和专业化的投资也开辟了新的投资渠道,既丰富了投资渠道,又为实体经济的发展做出了重要的贡献。此外,对于金融衍生品,英国的监管也对此有着严格的规定,对于这类产品,保险资金对其的投资只能以降低风险为目的,而不能以投机的目的去投资。

6.3　德国保险资金服务实体经济的经验借鉴

由于拥有比较齐全的险种、较高的管理水平和严格的监管机制,保险业已经成为德国经济领域中的重要行业以及社会民众的重要保障。例如,德国的安联保险集团是欧洲最大的保险公司,财产险保费收入长期位居全球第一,寿险保费收入亦排名全球前列,同时安联集团的资产管理业务已跻身于世界五大资产管理集团。

6.3.1　德国保险资金投资运用概述

与美国保险公司寻求资产多元化的配置策略不同,德国保险公司更侧重于考察资产的安全边际以及相应的长期稳定性,这与德国以商业银行为主导的金融体系密不可分。

首先,德国保险资金的投资结构中占比最大的是贷款。数据显示,相比于欧洲其他国家的保险资金运用情况,德国保险资金运用中有高达30.1%比例用于贷款投资。不仅比例显著高于其他国家,而且贷款投资的结构也与其他国家不同。德国的贷款投资形式比较多样化,对附属企业的贷款、抵押贷款、政策性贷款和其他贷款的比例也比其他国家要高。这主要是因为德国的商业银行体系在整个金融体系中占有绝对的主导作用,其追求安全稳定的收益特性,使得其在对保险资金进行投资时更多地选择贷款。同时不成熟的金融市场无法产生多样化的金融投资工具，导致德国保险公司在资金运用时只能更多地配置贷款。

其次，德国保险资金的投资结构中占比次之的是共同基金。数据显示，相比于欧洲其他国家保险资金运用情况，德国保险资金运用中有高达21.6%比例用于投资债券型和股债混合型基金，这主要是因为共同基金能够实现分散化投资风险与专业化的操作管理，是一种安全性较高的投资工具。德国稳健型的金融市场特点使得共同基金成为保险资金运用的重要选择。并且在德国，共同基金成为非寿险公司最重要的投资工具。

最后，以房地产建设开发为代表的基础设施建设和产业建设也是德国保险资金的主要投资渠道，尤其是寿险资金。这与德国政府的政策鼓励息息相关的，因为这两种资产安全性较高，而且对经济发展有着显著地促进作用。对于保险企业来说，投资于政府鼓励的资产可获得一定的税收优惠，从而增加投资的收益。

6.3.2 德国保险资金运用的特点

首先，除了信贷类资产外，德国保险资金对于实体经济的投资亦具有较高热情，且往往通过股权投资的方式展开相关操作。根据德国最大公共养老基金BVK的数据显示，该基金对实体资产的投资占总投资的比例大约为25%，而且该比例相对稳定。

其次，德国保险企业在资金运用中对自身公司的下属关联企业的投资比例较高。这与德国投资文化中的"草根研究"有关系。由于德国保险资金的投资运作更加追求安全稳健，使得在选择项目投资时提倡亲临公司的生产、销售流程进行实地调研。而保险企业对下属关联企业更加地熟悉了解，同时也促进了下属关联企业的发展，实现双赢。

最后，德国保险资金采取二级监管体系，由联邦政府和州政府一起开展分类监督检查。具体来说，联邦政府对具有跨区经营属性的大型国有和民营保险公司进行监管；与之相对应的是，州政府主要对内部小规模的国有和民营保险公司履行监督义务。此外，德国还十分强调保险资金投资的信息公示与披露，这有利于在提高保险投资透明性的同时保障投保人的相应知情权。

6.4 日本保险资金服务实体经济的经验借鉴

日本保险业随着日本经济的发展逐渐成为全球最发达的保险市场之一，日本保险企业的保费收入也一直处于较高的水平，因此保险业成为日本拥有资金量最大的金融机构。此外，高效率的资金运用是日本保险市场的显著特点，并对日本实体经济的发展产生有力地推动作用。

6.4.1 日本保险资金运用的概述

日本经济的高速发展使得家庭消费者积累了大量的财富，而且随着社会医疗与福利水平的提高，个人寿命不断增加，人们的健康保险意识不断提高。因此，日本寿险保单与保费数量规模很大，成为保险资金的主要来源，而且寿险业务长期居于世界第一水平。因此，本小节主要关注日本保险企业寿险资金的投资结构分布。

第二次世界大战后，在钢铁、纺织等传统制造业的拉动下，日本经济在二十世纪五六十年代快速复苏，而居民在收入不断增加的同时也增大了对于以寿险为代表的保险产品的购买，从而积累了大量的保险资金。根据日本寿险业协会发布的数据显示，截至2014年底，日本寿险业总资产存量规模已超过350万亿日元，且总保费规模位居世界第二（仅次于美国），在日本金融体系中拥有着举足轻重的地位。

从表6-5与图6-4中可以看出，日本寿险资金的投资结构按比例大小主要是有价证券、贷款与房地产，其中证券投资中按比例大小主要是国债、海外证券、公司债、股票与地方债券。数据显示，日本寿险资金的投资分布中日本国债的投资比例是40%左右，其次海外证券的投资比例也较高为20%左右，远高于投资于国内的公司债券与公司股票的比例。由于严格的监管与追求稳定投资收益的目标，日本国债的比例成为投资的最重要选择。

表 6-5　　　　　　　2006~2014 年日本寿险资金运用分布情况　　　　　　（单位：%）

年份	现金及存款	证券	其中					贷款	房地产
			国债	地方债	公司债	股票	海外证券		
2006	1.40	73.70	22.13	2.51	8.70	14.74	18.79	15.93	3.03
2007	1.20	72.60	23.23	2.54	9.08	11.18	19.46	16.00	3.10
2008	1.60	73.90	39.76	3.18	8.79	5.03	12.86	16.40	2.20
2009	1.60	76.70	40.19	3.45	8.28	5.83	13.50	14.70	2.10
2010	1.80	77.60	41.30	3.60	8.20	5.30	14.00	14.10	2.10
2011	1.10	78.30	43.70	4.00	7.90	4.20	13.80	13.30	2.10
2012	1.00	80.40	43.60	4.20	7.50	4.20	15.90	12.10	1.90
2013	1.00	81.80	42.60	4.10	7.20	5.40	17.40	11.00	1.80
2014	1.30	81.70	40.70	3.80	6.80	5.70	20.10	10.20	1.70

数据来源：根据 The General Insurance Association of Japan 发布的报告计算整理。

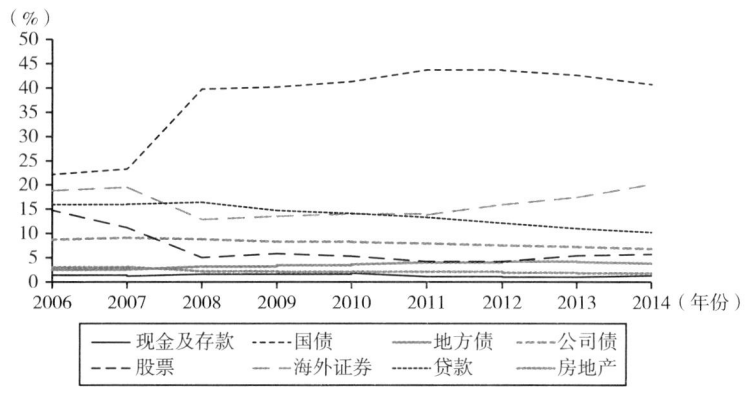

图 6-4　日本寿险业各类资产投资分布的变化情况

数据来源：根据 The General Insurance Association of Japan 发布的报告计算整理。

6.4.2　日本保险资金运用的特点

（1）日本保险资金的投资收益较低且波动性较大

从表 6-6 可以看出，无论是寿险投资收益，还是非寿险投资收益绝对水平并不高，而且投资收益率一直处于 2% 左右。这使得日本保险公司的投资收入很低，面临经营困难。主要原因是保险资金的投资收益与国内实体经济的发展景气程度息息相关。由于日本近些年国内经济增长率长期处于1%以下水平，使得日本证券市场持续萧条，投资收益很低。

表 6-6   2008~2012 年日本保险资金的收益率

项目	投资收益及收益率	2008 年	2009 年	2010 年	2011 年	2012 年
寿险	投资收益（十亿日元）	10 708	1 819	2 832	1 889	1 734
	收益率（%）	0.39	1.86	1.79	1.92	2.36
非寿险	投资收益（十亿日元）		572.5	656.2	648.6	664.5
	收益率（%）		0.89	2.52	1.67	3.42

数据来源：根据 The General Insurance Association of Japan 发布的报告计算整理。

（2）跨行业的监管制度与严格投资监管机制

日本房地产泡沫与股票市场泡沫的破灭使得日本保险资金的投资出现大量损失，为了更有效地加强对金融行业的监管，日本成立金融监督厅实现对证券、银行、保险以及其他金融领域的跨行业监管，避免在界限模糊区域出现监管真空地带。保险资金的运用监管在世界各国都相对严格。日本的保险法规定日本保险资金中用于股票投资的比例不得超过30%，购买同一公司的股票和债券的比例不得超过10%。另外，日本保险法规对保险资金运用的信息透明也有一定制度规定。

6.4.3 日本保险资金服务实体经济的风险防范经验

（1）日本保险资金投资特点及其对实体经济的服务方式

日本保险资金对实体经济的投资经历了长期的变化发展历程。日本的保险资金的投资经历了从以贷款为主向政府债券的转变，对实体经济的投资较少。第二次世界大战结束以后，日本的保险资金主要通过贷款方式服务于实体经济，用于贷款的资金达到了保险资金总规模的60%左右。但是二十世纪八十年代，日本经济过热，期间保险公司制定的利率过高，在泡沫经济崩溃以后，日本进入了衰退时期，利率长期保持在较低的水平，导致保险公司出现了高额的利差损，退保率也非常高。此外，投资金融资产的收益率过高，导致虚拟资产价值严重脱离了实体资产的价值，部分保险资金在这一阶段也涌进了股票市场和房地产市场来寻求更高的收益。保险资金结束了以贷款为主的投资方式。之后，随着日本金融化改革，其投资方式也变得更为多样化，但是目前日本的保险资金受制于长期的低利率以及不愿承担高风险投资，日本的保险资金的投资主要投资于稳健的日本政府债券，同时也在不断降低贷款规模，降低对实体经济的投资，此外还在积极的拓展海外业务，作为提高收益率的一种手段。从表6-7可以看出，在各项贷款指标上，日本保险资金各类贷款规模均在减少。

表6-7　　　　　　　日本保险资金对企业和个人的贷款情况　　　　（单位：十亿日元）

年份	对企业的贷款			对个人贷款	
	大型企业	中大型企业	小型企业	住房贷款	消费贷款
2011	17 392	153	15 446	1 570	777
2012	17 097	131	13 874	1 451	794
2013	16 594	139	12 104	1 400	808
2014	16 282	135	11 040	1 333	706
2015	15 659	156	9 989	1 251	646

数据来源：中诚信根据公开资料整理。

(2) 日本保险资金的风险防范机制以及监管制度

近年来日本对保险资金运用的监管有所放松。早期受到美国的影响，日本的监管模式也是严监管模式。最近几年，日本的监管逐渐开始变得更为宽松。2012年日本对相关法律进行了修订。此前日本保险资金的应用范围包括通知存款、货币信托、债券、股票、贷款、境外投资、不动产等15类品种，对其比例也有限制，保险资金投资境内股票、境外资产和不动产分别不超过总资产的30%、30%和20%（见图6-5）。

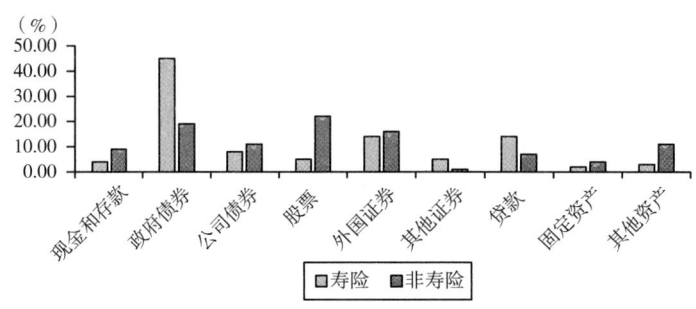

图 6-5　2012 年日本保险资金投资比例

数据来源：中诚信国际整理。

6.5　韩国保险资金服务实体经济的经验借鉴

韩国保险行业伴随着韩国经济的发展已经成为成熟度较高、规模较大的市场。以总保费收入来衡量，韩国保险市场在亚洲范围内紧随日本和中国居第三位，在世界范围内也居于十位左右。由韩国国情可知，韩国国民养老保险体系是韩国保险市场的重要组成部分，其又包括"国民养老金计划"（NPS）、"退休养老金计划"（RPS）和"个人养老金计划"（PPS）。

"国民养老金计划"（NPS）是韩国最基本、最重要的公共养老金计划，实行现收现付的收支盈余，基金的积累以 30% 的年速度增长，参保人数覆盖超过 2/3 韩国人口，是韩国养老保障体系最基本、最重要的组成部分。在整个 NPS 中，保费收入占 2/3 左右，投资收益占 1/3 左右。整个基金的投资结构对整个韩国保险业资金的投资策略都有重要的影响。因此，本部分着重分析韩国 NPS 的资金运用情况。

6.5.1　韩国"国民养老金计划"的资金运用概述

国民养老计划（NPS）初创于 1988 年，是一项韩国居民以个体为单位自愿缴纳的国家基本公共养老计划（类似于社保养老金）。其在建立后发展迅猛，是韩国社会保障体系中最为核心的部分。

根据韩国政府和保险业的相关规定，NPS 实行现收现付的管理办法，这意味着基金在宏观形势不发生大变动的前提下可以在中长期内满足资产端和负债端的久期适度匹配，同时也要求基金在投资过程中必须兼顾短期流动性及资产的安全性，确保长期投资收益的稳健平滑。其具体投资结构表 6-8 所示。

由表 6-8 可以看出，韩国 NPS 的投资结构按比例大小分别为国内债券、国内股票、海外股票、另类投资、海外债券、其他。其中，另类投资主要包括国内外基础设施项目、房地产投资、私人股本等。国内债券与国内股票的投资比例之和达到 86.90%，再加上另类投资中的国内投资部分，可得出韩国 NPS 的资金主要为国内所利用。

表 6-8　　　　　　　　　　2010 年韩国 NPS 投资结构

资产分配	资产规模（亿美元）	投资比例（%）
国内债券	1 961	69.90
海外债券	120	4.10
国内股票	499	17.00
海外股票	180	6.10
另类投资	167	5.70
其他	4	0.10
合计	2 931	100

数据来源：根据 Korea National Pension Service 发布的报告整理。

6.5.2 韩国"国民养老金计划"的资金运用的特点

（1）资产负债相匹配的投资策略

韩国 NPS 实行现收现付的收支盈余，决定了 NPS 在长期内要满足资产负债的适度匹配。也就是说，NPS 的收支盈余状况首先必须保证参保居民的养老需求，因此基金的投资要保证基金的保值增值。为了保障资产负债匹配管理策略得到有效的执行，NPS 的管理部门与运营部门都为"国民基金管理委员会"。这保证了 NPS 投资策略的执行与投资效率的提高。可以说，资产负债相匹配的投资策略是韩国国民养老金投资运营的最大优势。

(2) 投资结构中国内证券占绝大比例

NPS 投资结构中，国内债券与国内股票的投资比例之和达到 86.90%，这就使得整个基金的投资收益很大程度依赖于韩国国内经济的景气程度，也就使得投资收益有一定的损失。目前 NPS 投资收益中，国内股票的收益率贡献较大，而国内债券与海外债券的收益率差别不大。此外，随着韩国老龄化问题的加剧，NPS 的支出规模会越来越大，资产负债相匹配的投资策略下会要求更高的投资收益，因此，绝大比例的国内证券投资结构会越发不适应高收益的投资要求。这对 NPS 的收支平衡产生了一定的挑战。

6.6 拉美经济体保险资金服务实体经济的经验借鉴

6.6.1 拉美国家养老基金概述及其对基础设施的影响

根据各国国情发现，拉美国家的现行养老制度因各个国家的具体情况不同而有所差异。归结起来主要有三种：个人缴费确定的养老保险计划、现收现付制的养老保险计划以及两者结合的混合制。此外，为了更好的管理养老基金，拉美国家也普遍引入了养老基金管理公司进行专业化的投资管理。养老基金公司将多种投资工具发展为多基金计划，个人可以根据个人情况将自身的养老金投资到不同的基金计划。这种多基金计划发展了拉美国家地区的金融市场，也使得养老基金的投资选择更加多元，收益也更高。

从实际效果来看，拉美国家养老基金的专业化投资对本国经济的发展产生了深远的影响。首先，养老基金的快速积累为实体经济的发展提供了雄厚的资本，成为基础设施项目投资的资金来源，推动了宏观经济的发展。其次，养老基金的专业化管理丰富了投资工具的选择，使得投资结构中不再以政府债券为主，进而转向权益类投资工具，使得基础设施项目的投融资、运营管理等方面更加的专业化。最后，由于拉美国家都是发展中国家，养老基金积累的资金缓解了国家的财政压力，保证了经济的良好运行。

6.6.2 拉美国家养老基金投资基础设施的方式概述

基于对有关案例的总结发现，直接投资与间接投资是养老基金投资基础设施的两种普遍方式。拉美地区基础设施建设相对缓慢，而且运营管理中收益带有很大的不确定性，因此各个国家普遍采用以间接投资为主的方式。在智利间接投资的比例达到86%，在哥伦比亚更是100%。

一方面，间接投资是指养老基金在股票市场或债券市场上对基础设施项目的建设与运营公司的股票或债券进行投资。由于各个公司的业务是多元化的，并不局限于某个基础设施项目，就导致公司在股票市场或债券市场上的融资无法保证用于基础设施项目的运营管理。

另一方面，直接投资是指养老基金将资金直接投资到某个基础设施项目的建设、运营、管理等。在此过程中养老基金的投资收益依赖于基础设施项目的运营利润，而且其收益往往会由其他较高的信用单位担保。由于基础设施项目的投资周期长，营利收入具有很大的不确定性，导致养老基金在投资中更多选择间接投资。同时，养老基金对基础设施的直接投资还面临严格监管。

6.6.3 拉美国家创新性的养老基金投资工具

相比于间接投资，虽然养老基金为某个基础设施项目直接注入资金更加有利于基础设施项目的发展，也更能推动经济社会的发展。但是养老基金的投资原则上首要考虑的是安全性。因此各个国家在各自国情的基础上创新投资工具，使之更适合养老基金的投资选择。

(1) 智利的基础设施债券

植根于本国国情,基础设施债券是智利为基础设施 PPP 项目而融资发行的,由特许发行企业发行。该债券的特征是不可提前赎回,且由国际大型保险公司 100% 担保。即便养老基金投资于基础设施项目的未来现金流具有很大的不确定性,但是国际大型保险公司的担保使该债券保持在投资级。

(2) 墨西哥的资本开发证书

根据相关的研究发现,资本开发证书是一种信托凭证,由墨西哥信托发行,发行收入投入到基础设施和房地产项目中去。资本开发证书并不赋予持有者按期收取本金和利息的权利,而是基于投资回报向持有者"分红"。而且它具有一个偿还期,可能被提前偿还。

(3) 秘鲁的基础设施基金

基础设施投资基金,是秘鲁政府为了摆脱经济危机的影响,扩大社会投资规模而成立的。其主要的投资对象是道路、港口、机场等基础设施的建设。此外还成立了基础设施投资信托基金,其主要通过债券进行投资,并且基本上都是持有至到期投资。

6.6.4 拉美国家养老基金投资基础设施的领域

根据相关的研究资料发现,拉美养老基金领域主要是能源部门、交通部门、电信部门、供水及污水处理部门等。这是由拉美国家的经济发展水平决定的,现阶段拉美国家的基础设施建设是与国计民生息息相关的部门。一般的说,电信部门吸收的投资最多,其次是交通部门、能源部门,最后是供水及污水处理部门。这些部门具有较强的盈利能力,并且其运营收益具有较好的可预测性,特别是能源部门和交通部门更是如此。因此,养老基金更倾向于投资这两个部门。

6.7 中国香港保险资金服务实体经济的经验借鉴

作为全球金融中心之一,中国香港拥有丰富完善的社会保险体系,并在其整个经济体系中占有十分重要的地位。作为全亚洲最发达的保险市场之一,香港地区的人均保费支出始终维持在较高水平,而其离岸市场特性也吸引了全球各大保险公司来此拓展保险业务。根据香港保险业测算,2016年上半年,香港保险业的资产总规模已经超过了2 000亿港元,相当于香港本地生产总值18.5%。随着香港金融市场的高度成熟、人口老龄化及社会整体财富的积累,香港保险市场正面临越来越大的市场需求。

强制性公积金计划是中国香港防止人口老龄化问题而采取一项保障退休职工的社会保险计划。由于《强制性公积金计划条例》规定,除少数符合豁免条件的人外,香港18~65岁的雇员都必须加入强积金计划,因此强积金无论从资金总量(规模已达到5 427.4亿港元)还是覆盖范围上都已成为整个香港保险业最为重要的部分,其投资结构对香港保险资金的投资策略有重要影响。下面本部分将针对强积金的资金运用展开分析。

6.7.1 中国香港强制性公积金的资金运用概述

根据中国香港《强制性公积金计划条例》的规定,每个强制性公积金计划由多个成分基金组成,而且必须至少包含一个保本基金。成分基金随风险增加依次主要有保本基金、货币市场基金、保证基金、债券基金、平衡基金和股票基金。具体如下:

其一,保本基金是投资工具仅包括短期银行存款及优质债券,因此风险较低。货币市场基金是指投资于短期的货币市场工具。

其二,保证基金是一种提供本金保证或保证最低回报率的投资基金。

其三，债券基金是投资于国债、地方债券与公司债券，但是所投资的债券必须是投资级以上。

其四，平衡基金主要是投资股票与债券的投资组合，投资收益随投资权重的差异而不同，从而实现收益与安全的平衡。

其五，股票基金主要是投资于强制性公积金管理者认可股票，即必须是上市且已缴足股款、认股权证必须是交易所上市的认股权证。

根据投资比例的由大到小，各成分基金依次为平衡基金、股票基金、保本基金、保证基金、债券基金和货币市场基金。单纯从投资工具来看，截至2014年，香港强制性公积金计划投资最高的为股票，约占2/3左右。债券、存款及现金之和为1/3，且两者比例大体相同。综上所述，即便股票市场的风险波动会较大，但却能保证香港强制性公积金计划实现较好的收益性。

6.7.2 中国香港强制性公积金资金运用的特点

中国香港强制性公积金计划实行完全市场化的投资运营，更加注重对投资工具质量的要求。香港地区有着成熟发达的金融市场，使得强制性公积金计划可以将大部分的资金投入到风险高收益也高的股票市场。而且强制性公积金计划的资金通过专业的基金管理公司，采取完全市场化的基金运作方式，使强制性公积金保持稳定持续的收益。虽然中国香港强制性公积金计划可以选择多样化的投资工具，但是对投资工具的质量有着较高的要求。例如，所投资的债券必须是投资级以上；认股权证必须是交易所上市的认股权证。

第 7 章
保险资金服务实体经济的路径选择

7.1 保险资金服务实体经济的原则

7.1.1 坚持服务主业原则

习近平总书记强调，要促进保险业发挥长期稳健风险管理和保障的功能，这是保险业在历史变迁中始终坚持追根溯源的"初心"，也是保险业在中国特色社会主义进入新时代，更好服务经济社会发展大局的"使命"。保险资金运用回归本源，就是要服务保险主业。为此，一是要正确处理保险的保障功能和投资功能的关系。保障是根本功能，投资是辅助功能、衍生功能，是为了更好的保障，不能本末倒置。二是保险资金运用要坚决摒弃不惜代价盲目做大规模、不顾风险过度追求投资收益、不论能力投资高风险领域等激进的投资行为。三是在保险资金运用改革创新和发展变革中，要以是否有利于服务保险主业为判断依据和价值准绳。

7.1.2 坚持服务国家战略和实体经济原则

当前，我国经济增长已经由高速度增长阶段转向高质量发展阶段，过去依靠经济快速增长而形成金融外延式扩张，已经走到尽头，在当前转变方式、优化结构和转换动力的过程中，相当多的传统产业面临困难，投资风险会加大，投资收益会降低；而代表未来发展方向的新产业、新技术亟需资金支持。如何服务好国家战略和实体经济，考验着保险机构的投资能力、政治站位和国家情怀。一方面，保险资金运用要从国家发展大局着眼，深入贯彻党的十九大精神，紧紧围绕供给侧结构性改革。重点把握基础设施网络建设、区域发展战略、国家重大科技项目、先进制造业和高新技术产业等战略机遇，拉直和拓宽保险资金支持国家重大战略的渠道。另一方面，积极探索保险资金参与普惠金融和乡村振兴战略。保险资金既要服务大项目，也要"接地气"，支持农业企业、小微企业发展，解决金融服务不平衡不充分问题。进一步探索支农支小、扶贫产业基金、绿色扶贫产业基金等模式，助推脱贫攻坚战略，为集中连片贫困地区和建档立卡户"输血""造血"，并在此基础上，积极探索"保险资金＋保险产品"综合服务优势，让老百姓"看得见""用得上"，更好探索服务普惠金融、乡村振兴的新路径和新模式。

7.1.3 坚持资产负债匹配原则

金融理论和实践证明，良好的资产负债管理是保险公司可持续经营的基础。适度的错配可以带来一定的风险收益，但过度错配、长期错配，将给保险公司经营带来极大的风险隐患，甚至是倒闭或破产。保险资金服务实体经济要结合自身险种的特点，合乎自身的经济规律。在资金运用方式、运用领域、投资期限上都要适应自身规律。对于人身保险，特别是寿险业务资金期限较长，对于资产负债匹配要求较高，可以开展股权、债权等期限较长的投资，获取更高收益。调研发现，国际上寿险资金对于长期投资的介入量很大，一方面可以获得较为稳健的收益，另一方面有助于协助经济长期健康的发展，这一点值得我国保险公司在投资时学习借鉴。而对于财产保险，鉴于其通常是短期的保险业务，对流动性的要求比较高，宜进行短期投资。

7.1.4 坚持风险分散原则

风险分散原则是指将投资分散于多种风险资产，而不是全部集中于一种资产。根据投资组合理论，分散化投资通过分散持有风险资产，可以在不降低投资收益的情况下有效降低风险，减少整体风险暴露程度。保险资金在投资过程中应该始终坚持稳健运作，做好风险的分散。近年来，保险投资新规密集出台，保险资金投资渠道大幅扩宽，可投资范围不断扩大，大幅增加了保险资金的投资运作空间。在此背景下，保险资金服务实体经济，更应充分运用好现有政策，通过投资组合的多元化搭配分散风险,避免扎堆进入某一个"风口"领域。

7.2 保险资金服务实体经济的优化路径

7.2.1 进一步推动保险资金从银行存款向其他多元化投资渠道分流

近年来,银行存款在保险资产配置中的比例已经逐步降低,截至 2017 年 7 月底,银行存款在保险资金运用中的占比为 13.6%,大体接近英国保险资金投资中银行存款占比,但与美国、日本等国相比,我国险资投资银行存款的比例依然偏高。日本保险资金投资银行存款的比例为 10% 左右;而根据 Insurance Informational Institute 数据,美国寿险投资银行存款的比例仅为 1% 左右。险资投资于银行存款的比例过高,一定程度上降低了险资服务实体经济的效率。因此,未来我国仍需探索和拓宽保险资金服务实体经济的其他路径,将保险资金投资银行存款占比维持在更为合理的比例,实现更多保险资金向其他投资渠道的分流。

7.2.2 用好债权投资计划、股权投资计划、ABS 等各类投资工具

自 2014 年 8 月出台的《国务院关于加快发展现代保险服务业的若干意见》明确提出"积极培育另类投资市场"以来,作为另类投资的主要内容,各类投资计划取得了快速发展,为实体经济提供了有力的支撑。中国保险资产管理业协会统计数据显示,2017 年 1~7 月,保险债权投资计划和股权投资计划合计注册规模 2 210.62 亿元,同比增长 78.5%。从投资领域来看,这类资金主要投资于交通、能源和棚户区改造等民生类行业,具有良好的对接实体经济、服务国家重大战略的作用。同时,投资计划方式灵活,多针对融资主体的需求为其"量身定

做"融资方案，有助于提高险资服务实体经济的针对性。此外，投资计划中的股权投资计划还可提高股本融资比例，有利于企业降低负债比例，优化股权结构，推动实体经济部门杠杆的去化。

鉴于各类投资计划对于支持实体经济的重要作用，未来仍有进一步拓展其路径的必要。这一方面需要企业加快产品创新，同时也需要进一步完善相关体制机制。例如，解决保险资管公司在发行债权计划时面临的与项目相关的土地、房产、在建工程等抵押问题；进一步细化和完善保险资金参与国企混改、债转股、PPP 项目的政策措施等。此外，当前我国险资 ABS 起步晚、人才较为缺乏、多头监管等现实问题，后续仍需加强监管协调，为其进一步发展构建有利政策环境。

7.2.3 继续鼓励保险资金以直接股权投资方式支持经济转型发展

目前，我国融资体系突出的问题在于直接融资与间接融资比例失衡。2016年我国社会融资规模为 156 万亿元，其中银行贷款占比高达 84%，只有 15% 来自于债券和股票。各个企业融资以间接融资为主，对直接融资方式利用不足，发展严重滞后于其他各国。间接融资的局限性制约了金融市场对于经济发展的有利支持，从而限制了经济发展的活力和企业创新的动力，不利于我国经济结构的转型升级。

另外，尽管近年来我国保险业取得了长足发展，但是我国仍然存在保险业与银行业发展存在不均衡的现象，银行业规模远大于保险业。由于银行对企业贷款的低风险需求，银行偏向于像国企、央企等资质较好的公司提供融资支持，对于中小企业支持力度不足，这导致信贷资源在行业中分配不均，科技等新兴行业得不到资金支持，不利于产业升级工作的开展。而推动保险资金投资实体经济可以促进直接融资的发展，保险公司可以通过股权投资等直接融资方式将保险资金输送至实体经济，这对解决直接融资与间接融资的结构性失衡具有重要的意义。

股权投资虽然风险较高，但投资期限较长，收益也相对较高，是较为理想的适合险资投资方式。资本市场一直致力于培育优质的机构投资者，我国资本市场起步较晚，投资者以散户为主，机构投资者所占比例小。保险资金投资规模可观、专业性强、投资期限长，这些特点决定了保险资金是资本市场上优质的投资者，可以为经济社会的发展提供长期并且稳定的支持。积极推动保险资金投资实体经济，同时进一步调整寿险业负债结构，发挥利用好长期保险产品的资金融通功能，对资本市场结构的优化、机构投资者的进一步培育、资本市场的长期均衡稳定发展具有重要的意义。对于实体经济来说，险资资金量大，可以接受较长的投资期限，通过与险资的合作，企业可以获得长期的发展资金，对降低企业负债水平具有重要意义。同时，保险资金开展直接投资可以缩短资金链条，降低实体经济融资成本。此外，保险资金的直接有效利用可以服务于供给侧改革的推进，保险资金通过参与降杠杆、市场化债转股等方式，发挥保险资金优势，注入钢铁、煤炭等行业，对于帮助企业转型升级，对于"三去一降一补"的推进具有重要的意义。虽然近年来我国保险机构直接股权投资取得了长足进展，截至2017年6月，直接股权投资规模已经达到1.3万亿元。但险资股权投资仍有不足，如一些公司治理不完善的保险公司大股东将其当作投资控股的工具，对新兴产业的支持力度不够等。未来仍需政策引导，推动保险资金通过直接股权投资支持创新企业发展，参与国企改革和PPP项目，让保险资金在支持经济转型发展方面发挥更大作用。

7.3 保险资金服务实体经济的具体对策

7.3.1 深化保险资金服务实体经济的机制改革

实现保险资金在实体经济中的有效率的配置必须运用市场化改革，切实简政放权，把更多投资选择权和风险责任交还给市场主体，激发市场活力和资金运用的动力。在监管模式上，坚持有效推进比例监管模式，以大类资产分类为基础，多层次的比例监管体系，从而实现比例限制的减少，保持监管的严格性与保险资金投资实体经济的自由度。在实体经济的投资产品监管方面，深化注册制改革，提升保险资金投资实体经济的产品发行效率，加快发展股权投资计划、项目资产支持计划和股权投资基金等。对保险资金投资实体经济的项目监管坚持具体问题具体分析，可适当调整监管的要求。

加强有效监管。例如，对于基础设施建设、保障房建设、城镇化建设等国家政策明确支持的建设项目，及具有相应保证条款的私募基金和股权计划，进一步调整所属大类资产类别，优化偿付能力资本要求等。对于一些投资于国家发展战略和国家重大工程的项目和产品，在相关政策上给予适度倾斜，包括在产品注册、备案、审核等环节，给予专门指导和优先支持，不断加大保险资金支持实体经济发展的范围和力度，加快促进经济转型升级、服务实体经济。

7.3.2 创新保险资金服务实体经济的产品体系

实体经济的融资需求是多样化的，因此要更好的发挥保险资金支持经济建设的融通作用，就要积极拓宽投资渠道，丰富证券结构，深入开展股权投资和不动产投资，加快发展基础设施债权投资计划、股权投资计划、项目资产支持计划和股权投资基金等方式，保持产品和投资方式的多样性。在交易结构上，从债权、股权等较为单一的交易结构，向股债结合、优先股等更为灵活的交易结构发展，满足实体经济多样化的融资需求。对于关乎国计民生的基础设施建设、保障房建设、城镇化建设等项目工程，鼓励保险资金进入，并逐步完善相关投资计划的管理标准，可以适度扩大担保主体范围、放宽信用增级要求，通过创新交易结构，对重点项目和重大工程予以精准支持。

7.3.3 拓宽保险资金服务实体经济的领域路径

一方面，积极扩大保险资金投资实体经济的领域，发挥在交通、能源、铁路、重大水利工程等基础设施建设以及棚户区改造、保障房、养老社区等民生工程领域抵御风险的作用。

另一方面，积极探索保险机构与保险资金对接"互联网＋"，鼓励保险机构积极拥抱互联网，在商业模式、产品服务、销售渠道等各个领域开展创新，充分满足不同层次实体经济的多元风险管理需求。进一步支持实体经济创新战略，完善对于新技术、新业态的保险服务，通过专利保险试点等多种形式，分散中小型科技企业的创新风险，为科技企业通过自主创新、融资并购加速发展，提供全方位、立体式的保险服务。此外，还要加快推进保险业产业扶贫投资基金，积极引导保险资金对贫困地区开展精准扶贫，加快探索保险资金通过市场化方式参与扶贫工作的方式方法。

7.3.4 疏堵结合，引导保险资金真正流向实体经济

资金空转不仅影响到资金服务实体经济的效果，在此过程中，资金的层层嵌套和层层加杠杆，还会导致资金运用机构与其他金融机构更容易发生风险传导，加大了金融系统性风险。因此，对于金融业的资金空转风险应保持高度警惕。2017年以来，中国银保监会采取的一系列强监管措施对引导保险资金流向起到了积极效果，但后续来看，除了通过强化监管之外，更应进一步强化政策引导，疏通保险资金流向实体经济的政策渠道，如完善相关保障制度机制，鼓励保险资金通过创投基金、产业基金等方式投资新产业、新动能，通过股权投资计划参与国有企业混改等。

7.3.5 进一步加强监管协调，对冲监管踩踏风险

当前，金融业混业经营在提高金融机构运作效率的同时，也不断对现有金融监管体制形成挑战。同时，层出不穷的新型金融产品也给监管带来了挑战，对一些金融产品的界定很重要，是属于伴随实体经济产生的还是属于债券或者股票等。因此，监管层要适时的调整监管模式来适应新的投资模式，同时要进一步加强"偿二代"体系的建设，从根源上加强对险资的监管。就保险资金的运用而言，随着保险资金投资渠道的放宽和保险业创新的持续推进，各类保险资管产品持续出现，其中险资PE、保险资金举牌上市公司不仅涉及中国银保监会的监管领域，还与中国证监会的监管领域密切相关。虽然金融稳定委员会的成立、资管

产品统一监管在一定程度上改善了监管不协调等问题,但在当前背景下,仍需进一步加大监管机构之间的协调力度,通过金融稳定委员会统筹监管,避免由于监管口径不一、监管力度不协调导致保险资金服务实体经济渠道不畅,或由于监管缺位加大了其中的风险。与此同时,随着投资渠道的放宽,监管机构需与时俱进构建新的监管规则和监管口径,确保监管政策与险资运用同步发展。

7.3.6　推动完善公司治理,控制法人治理风险

需进一步完善现有对保险公司的监管体系和评价体系,完善信息披露制度,进一步推动保险公司完善公司治理,加强保险公司的信息披露制度,加强投资和风控人才的储备和培养,以提高其服务实体经济的能力。监管机构和行业自律机构应该积极倡导,推动保险公司不断完善公司治理水平,鼓励保险公司通过创新产品设计、加大研发力度、完善长期激励机制设计等方式,实现优秀的投资管理能力和风险控制能力,从而提高保险资金的投资收益率,进而提升其服务于实体经济的能力。

对于保险机构而言,保险公司对保险资金的运用要有相应的资金管理体系和风险控制体系。保险公司根据自身负债的机构、风险和收益率,合理的配置保险资金的投资方向。内部要严格控制独立账户的投资风险,对普通账户可以考虑在保障安全的前提下,尽可能提高收益率。对实体经济的投资要做好全面的风险控制,对某些风险大的行业和区域更是应重点关注。

7.3.7　强化偿付能力监管,防范流动性风险

当前,我国虽然对保险资产投资各类资产的比例进行了具体限制,但并没有根据各不同期限的保险资金进行差别化的监管。监管在此方面的缺失导致一些短期保险资金投资了基础设施、PPP 项目等期限较长的资产,一旦遭遇巨大的赔付责任时将有可能引爆保险机构甚至整个金融体系的流动性风险。

因此,国家层面上要持续完善监管制度,创新监管工具,针对不同保险公司

设置不同的监管手段。监管机构应要求保险公司定期按照上市公司的标准公布年度报告，对于公司的各项关联行为进行信息披露。对风险偏好型的保险公司，应及时监控风险水平，对风险水平过高的业务直接采取叫停投资等较为强硬的干预手段，以防止风险持续扩大威胁金融系统的稳定性。对稳健经营的保险公司，建议采取技术监管手段，如风险监测、压力测试、偿付能力监管等。建议我国参照英国经验，适当弱化对保险资金的运用结构和比例的监管，转而加强对保险机构偿付能力的监管，并在实践中尝试探索保险公司偿付能力和资金运用相结合的联动监管机制。这既改善了当前保险资金"期限错配"问题，又可以推动保险资金在服务实体经济时通过更为多元化的投资降低风险。

7.3.8 适当支持保险资金参与金融衍生品交易，对冲信用风险

国际经验显示，金融衍生品的运用对险资的风险防范起着不可忽视的作用。在抽样调查中，96%的美国保险公司使用金融衍生品进行风险对冲。比如，保险公司会使用信用违约掉期（Credit Default Swap CDS）来对冲信用风险。在我国，风险对冲工具的缺乏常导致保险资金在面对信用风险时"束手无策"。为改善这一状况，应进一步放宽对保险资金投资金融衍生品的限制，如放开对保险资金参与国债期货、CDS等风险对冲工具的交易的限制，进一步拓展险资投资的空间，通过对冲化解风险。值得一提的是，保险资金参与金融衍生品交易应在严格的监管之下进行，明确保险资金投资必须以服务实体经济为主，衍生品交易只能以对冲风险为目的，不能成为保险公司谋取超额利润的主要工具。

参 考 文 献

[1] Andre Uhde, Ulrich Heimeshoff. Consolidation in Banking and Financial Stability in Europe: Empirical Evidence [J]. Journal of Banking & Finance, 2009, 33, P1299 – 1311.

[2] Andrea Silvestrini, Andrea Zaghini. Financial Shocks and the Real Economy in a Nonlinearworld: From Theory to Estimation [J]. Journal of Policy Modeling, 2015, 37, P915 – 929.

[3] Boubacar Diallo, Abdullah Al – Mansour. Shadow Banking, Insurance and Financial Sector Stability [J]. Research in International Business and Finance, 2017, 42, P224 – 232.

[4] Dimitris Kenourgios, Dimitrios Dimitriou. Contagion of the Global Financial Crisis and the Real Economy: A regional Analysis [J]. Economic Modelling, 2015, 44, P283 – 293.

[5] Dirk G. Baur, Financial Contagion and the Real Economy [J]. Journal of Banking & Finance, 2012, 36, P2680 – 2692.

[6] Dobromil Serwa. Larger Crises Cost More: Impact of Banking Sector Instability on Output Growth [J]. Journal of International Money and Finance, 2010, 29, P1463 – 1481.

[7] Fariborz Moshirian. The Future and Dynamics of Global Systemically Important Banks [J]. Journal of Banking & Finance, 2012, 36, P2675 – 2679.

[8] Friedman. Milton. The Role of Monetary Policy [J]. American Economic Review, 1968, 58 (3), P1 – 17.

[9] Froot A. K., Scharfstein D. S., Stern J. C.. A Framework for Risk Management [J]. Harvard Business Review, 1994.

[10] Giampaolo Gabbi, Giulia Iori, Saqib Jafarey, James Porter. Financial Regulations and Bank Credit to the Real Economy [J]. Journal of Economic Dynamics & Control, 2015, 50, P117-143.

[11] Golub. B. W., and L. M. Tilman, Measuring Yield Curve Risk Using Principal Components Analysis, Value at Risk, and Key Rate Durations [J]. Journal of Portfolio Management, Summer, 1994.

[12] Issam Hallak. Private Sector Share of External Debt and Financial Stability: Evidence From Bank Loans [J]. Journal of International Money and Finance, 2013, 32, P17-41.

[13] Kimberly F. Luchtenberg, Quang Viet Vu. the 2008 Financial Crisis: Stock Market Contagion and Its Determinants [J]. Research in International Business and Finance, 2015, 33, P178-203.

[14] Masanori Ono. Inflation, Expectation, and the Real Economy in Japan [J]. Journal of the Japanese and International Economies, 2017, 45, P13-26.

[15] McDonald, Ian, and Robert Solow. Wage Bargaining and Employment [J]. American Economic Review, 1981, 71 (4), P896-908.

[16] Michael Melvin, Mark P. Taylor. the Global Financial Crisis: Causes, Threats and Opportunities [J]. Journal of International Moneyand Finance, 2009, 28, P1243-1245.

[17] Neiss, Katharine, and Edward Nelson. the Real Interest Rate Gap as an Inflation Indicator [J]. Bank of England Working paper.

[18] Oz Shy, Rune Stenbacka, Vladimir Yankov. Limited Deposit Insurance Coverage and Bank Competition [J]. Journal of Banking & Finance, 2016, 71, P95-108.

[19] Reinhart, C. and Rofoff K., Financial and Sovereign Debt Crises: Some Lessons Learned and Those Forgotten, Journal of Banking and Financial Economics, 2015 (4).

[20] Robert Düll, Felix Knig, Jana Ohls. On the Exposure of Insurance Companies to Sovereign Risk – Portfolioinvestments and Market Forces [J]. Journal of Financial Stability, 2017, 31, P93-106.

[21] Rudra P. Pradhan, Mak B. Arvin, Mahendhiran Nair, John H. Hall, Atul Gupta. Is there a link Between Economic Growth and Insurance and Banking Sector Activities in the G-20 Countries? [J]. Review of Financial Economics, 2017, 33, P12-28.

[22] Sangwon Suh. Measuring Sovereign Risk Contagion in the Eurozone [J]. International Review of Economics and Finance, 2015, 35, P45-65.

[23] Stephan Jank. Mutual Fund Flows, Expected Returns, and the Real Economy [J]. Journal of Banking & Finance, 2012, 36, P3060-3070.

[24] Tadanobu Nemoto, Yoshiaki Ogura, Wako Watanabe. Inside Bank Premiums as Liquidity Insurance [J]. Journal of The Japanese and International Economies, 2016, 42, P61-76.

[25] Terhi Jokipii, Pierre Monnin. The Impact of Banking Sector Stability on the Real Economy [J]. Journal of International Money and Finance, 2013, 32, P1-16.

[26] 埃瑞克·班克斯. 巨灾保险 [M]. 北京：中国金融出版社，2011.

[27] 白重恩，张琼. 如何保持经济中高速增长 [J]. 中国经济报告，2017 (3).

[28] 保罗·克鲁格曼. 流行的国际主义 [M]. 中信出版集团，2016.

[29] 陈凯. 试析美国经济从"虚拟"到"实体"的调整与协同发展 [J]. 财经问题研究，2011 (8).

[30] 陈文辉. 保险资金运用的回顾与展望 [J]. 保险研究，2013 (9).

[31] 陈志国. 公共养老储备基金投资管理模式国际比较与中国改革建议 [J]. 中国经济问题，2010 (2).

[32] 成思危. 虚拟经济的基本理论及研究方法 [J]. 管理评论，2009 (1).

[33] 成思危. 虚拟经济探微 [J]. 中国党政干部论坛，2002 (12).

[34] 大型工程机械承保风险管控及防灾防损研究 [R]. 灾害研究中心，2012B15.

[35] 戴慧. 德国促进实体经济发展的政策启示 [J]. 中国产业经济动态，2017 (4).

[36] 戴维·罗默. 高级宏观经济学 [M]. 上海财经大学出版社, 2014.

[37] 戴相龙. 加强虚拟经济研究 进一步深化金融体制改革 [J]. 南开学报, 2003 (3).

[38] 邓名流, 姚海祥. 关于国际成熟养老基金投资管理模式的对比研究及其对我国的启示 [J]. 《齐齐哈尔大学学报》(哲学社会科学版), 2016 (12).

[39] 董适平. 战后日本金融体制及其改革 [M]. 上海财经大学出版社, 1998.

[40] 杜厚文, 伞锋. 虚拟经济与实体经济关系中的几个问题 [J]. 世界经济, 2003 (7).

[41] 段鸿济, 卢文华. "降成本"的政治经济学含义及其政策指向 [J]. 南方金融, 2016 (8).

[42] 葛云华, 谢志刚, 王腾. 澳大利亚HIH保险公司破产案例 [J]. 精算通讯, 2002 (6).

[43] 辜朝明(Rechard C. Koo). 大衰退 [M]. 东方出版社, 2008.

[44] 郭红燕. 香港强积金制度研究 [D]. 武汉: 武汉科技大学, 2007.

[45] 韩可胜, 吴军. HIH公司破产的原因及其教训 [J]. 保险研究, 2005 (5).

[46] 韩立岩, 王梅. 国际养老基金投资管理模式比较及对我国的启示 [J]. 环球金融, 2012 (9).

[47] 何佳. 金融危机与政府救助 [J]. 中国金融, 2015 (19).

[48] 何建敏, 李守伟, 周伟. 金融市场中传染风险建模与分析 [M]. 科学出版社, 2012.

[49] 黄群慧. 论我国实体经济的发展. 我国工业经济, 2017 (09).

[50] 黄小英, 许永洪, 温丽荣. 商业银行同业业务的发展及其对货币政策信贷传导机制的影响——基于银行微观数据的基于银行微观数据的GMM实证研究 [J]. 经济学家, 2016 (6).

[51] 纪敏, 牛慕鸿, 张翔. 从国际经验看资产泡沫风险中的政策影响及应对 [J]. 黑龙江金融, 2016 (1).

[52] 蒋忠平. 日本养老储备基金投资管理模式分析 [J]. 全球视野, 2006 (6).

[53] 金英笋. 中韩金融·保险业投资环境比较研究 [J]. 延边大学学报（社会科学版），2013（12）.

[54] 金英笋. 中韩金融·保险业投资环境比较研究 [J]. 延边大学学报（社会科学版），2013（12）.

[55] 李彬，田玉鹏. 实体经济与虚拟经济发展的思考——金融危机后看美国、德国经济的发展经验 [J]. 现代产业经济，2013（8）.

[56] 李斌，伍戈. 信用创造、货币供应与经济结构 [M]. 中国金融出版社，2014.

[57] 李健，邓瑛. 推动房价上涨的货币因素研究——基于美国、日本、中国泡沫积聚时期的实证比较分析 [J]. 金融研究，2011（6）：18~32.

[58] 李美玲. 香港强积金投资策略的研究 [D]. 广州：暨南大学，2007.

[59] 李松庆，王炜. 第三方物流的实证分析 [M]. 北京：我国物资出版社，2005.

[60] 李晓峰. 日本处理不良债权的新对策及其对我国的启示 [J]. 北京师范大学学报（社会科学版），2014（1）.

[61] 李亚寅. 浅析中小企业贷款与保证保险发展——基于风险管理的角度 [J]. 上海保险，2013年7月.

[62] 李长东. 保险资金运用和风险管理研究——以中国人寿为例 [D]. 上海：上海交通大学，2014.

[63] 刘丹. 从国际经验谈再保险在巨灾保障机制中的作用 [N]. 中国保险报，2011年12月8日.

[64] 刘骏民. 虚拟经济的理论框架及其命题 [J]. 南开学报，2003（2）.

[65] 刘莉. 日本、韩国公共养老金投资模式演变及启示 [J]. 社会保障研究，2015（1）.

[66] 刘沁芳. 虚拟经济与实体经济匹配性的统计研究 [J]. 统计与决策，2014（24）.

[67] 刘霞. 金融创新背景下金融监管体制改革比较研究 [J]. 北京航空航天大学学报（社会科学版），2014（7）.

[68] 陆磊，王颖. 金融创新、风险分担与监管：中国转轨时期保险资金运用的系统性风险及其管理 [J]. 金融研究，2005（6）.

[69] 马红梅. 德国养老保险基金运营模式与政策借鉴 [J]. 社会科学家, 2017 (1).

[70] 农业巨灾保险应构建二元化立法体系 [N]. 金融时报, 2016 年 5 月 18 日.

[71] 欧阳媛, 杨华柏. 日本是如何依法处理破产金融机构、回收不良债权的 [J]. 法学家, 2000 (6).

[72] 彭文生. 渐行渐近的金融周期 [M]. 中信出版集团, 2017.

[73] 乔治·阿克洛夫, 罗伯特·席勒. 动物精神 [M]. 中信出版社, 2012.

[74] 曲扬. 保险资金运用的国际比较与启示 [J]. 保险研究, 2008 (6).

[75] 瑞士再保险. 2015 年的自然灾害与人为灾难：亚洲遭受重大损失 [R]. sigma. 2016 (1).

[76] 商庆军. 日本"泡沫经济"破灭后的产业结构调整 [J]. 现代日本经济, 2016 (1).

[77] 盛和泰. 供给侧改革视角下保险助力推动绿色转型升级 [J]. 清华金融评论, 2017 (8).

[78] 盛和泰. 新型城镇化建设亟需完善保险保障机制 [N]. 学习时报, 2013 年 7 月 15 日.

[79] 盛和泰. 以习近平总书记系列重要讲话为基本遵循　疏通保险金融服务实体经济的管道. 人民网——中国共产党新闻网. [N] http：//politics. people. com. cn/GB/1024/6429094. html.

[80] 孙祁祥. 城镇化背景下社会公平保障体系建设的国际经验及其启示 [J]. 中共中央党校学报, 2014 (4).

[81] 孙武军, 崔皓月. 我国保险公司风险与资本比例关系的实证研究——基于 2SLS 和 2SQR 的方法 [J]. 审计与经济研究, 2017 (1).

[82] 孙彦红. 欧盟"再工业化"战略解析 [J]. 欧洲研究, 2013 (5).

[83] 田天园. 拉美养老基金投资基础设施的案例研究及中国启示 [D]. 成都：西南财经大学, 2010.

[84] 庹国柱, 王国军. 农业保险：改革推进与前景展望 [J]. 中国保险, 2015 (1).

[85] 王爱俭，温博慧．虚拟经济的波动特征与演化路径——基于复杂性科学的研究［J］．南开经济界研究，2007（1）．

[86] 王大鹏，赵正堂．中国保险业资产配置与风险整合——基于虚实配比、Copula-CVaR 模型和 Monte Carlo 算法的实证研究［J］．产经评论，2016（2）．

[87] 王姝．我国保险资金运用及监管分析——基于国际经验的借鉴［J］．经济体制改革，2013（3）．

[88] 王曙光．美国保险业的发展及其对我国的启示［D］．吉林：吉林大学，2004．

[89] 王永钦，高鑫，袁志刚，杜巨澜．金融发展、资产泡沫与实体经济：一个文献综述［J］．金融研究，2016（5）．

[90] 文一．伟大的中国工业革命："发展政治经济学"一般原理批判纲要［M］．清华大学出版社，2016．

[91] 吴鋆，张烁．养老基金投资管理国际比较的启示——以智利、新加坡和中国香港为例［J］．价格月刊，2011（5）．

[92] 徐景峰，李冰清．中外保险资金运用的比较及启示［J］．经济社会体制比较，2009（5）．

[93] 闫先东，朱迪星．资本市场泡沫、经济波动与货币政策反应［J］．国际金融研究，2016（10）．

[94] 姚余栋，金海年．中国债务——如何走出高杠杆陷阱［M］．中信出版集团，2016．

[95] 袁钢明．日本经济泡沫兴败及其对中国经济的启示［J］．国际经济评论，2007（7/8）．

[96] 湛江．香港强积金制度对内地的启示［J］．南方金融，2015（8）．

[97] 张承惠．日本经济转型中的资产泡沫原因及启示［N］．中国经济时报，2014（9）．

[98] 张立勇．发达国家保险资金运用主要做法中国化的思考［J］．保险研究，2012（8）．

[99] 张陆．日本养老保险基金的运营管理及对中国的启示［D］．延吉：延边大学，2010．

[100] 张素敏．保险资金运用的国际经验及启示［J］．华北金融，2016

（3）.

［101］张艳妍，吴韧强. 美国保险资金运用的分析及借鉴［J］. 金融与经济，2008（10）.

［102］张伊丽. 日本公共养老基金的投资运营研究［J］. 现代日本经济，2017（4）.

［103］赵儒煜，阎国来，关越佳. 去工业化与再工业化：欧洲主要国家的经验和教训［J］. 当代经济研究，2015（4）.

［104］郑春荣，望路. 德国制造业转型升级的经验与启示［J］. 人民论坛·学术前沿，2015（11）.

［105］郑联盛，钟震. 国际金融监管改革启示［J］. 中国金融，2015（12）.

［106］周长富，张苣，冒建忠. "脱实向虚"的表现、成因及机制分析［J］. 区域金融研究，2016（3）.

后　记

为加强对保险资金服务实体经济的理论研究和实践指导，充分借鉴发达国家或地区的经验，在中国银保监会的指导下，中国保险资产管理业协会（以下简称协会）于2017年正式启动了《保险资金服务实体经济：国际经验与路径选择》课题。在本书编著过程中，中国人保资产管理有限公司、中国人民保险集团股份有限公司、中诚信国际信用评级有限责任公司、安邦资产管理有限责任公司、华东理工大学和云南财经大学等多家机构共同参与了本书的写作工作，提供了丰富的研究成果和案例素材。对此，我们深表谢意。本书的编著工作还得到了中国银保监会资金部的高度重视和悉心指导，在此一并表示感谢。

本书历经十余次修订，并邀请各界专家三十余人次参与讨论、修改、完善。各位专家积极参与协会组织的会议，对本书的框架安排、文字表述、重要论点以及政策提出了很多建议，极大地提升了本书的理论价值和现实意义。

由于编写时间紧迫，书中难免有疏漏之处，我们殷切希望业内同仁及广大读者能够给予批评和指正。

中国保险资产管理业协会
2018 年 8 月